本书为纪念敬爱的珍云同志而作

SYSTEM PSYCHOLOGY

系统心理学

乌杰 著

人民出版社

乌 杰 蒙古族，研究员、教授、博士生导师。系统科学及系统哲学、系统美学专家。1934 年 12 月出生，内蒙古呼和浩特人。1960 年毕业于苏联列宁格勒化工学院工程物理系，1980—1982 年在美国加州北岭州立大学作访问学者。

乌杰同志曾是北京大学、复旦大学等 20 多所高等学校兼职教授，担任中国软科学研究会、中国自然辩证法研究会副理事长、邓小平思想研究会（北京）会长、中国系统科学研究会会长等，同时兼任内蒙古大学"中国系统哲学研究中心"、深圳大学"中国系统哲学研究中心"、太原科技大学"中国系统哲学研究中心"主任。主要学术成就有：开创了系统辩证学和系统美学学科，开创了对马克思列宁系统思想的研究，创建了《系统辩证学学报》（后改为《系统科学学报》）。著有《系统哲学》《系统美学》《马克思主义系统思想》等十余种著作。

作者大学时代照片

目　录

前　言

两千多年以来，人们孜孜不倦地探索自身心理现象的本质与规律。这一过程，当代仍在继续。

古希腊著名的思想家、哲学家苏格拉底在两千多年前留给我们的一句箴言："认识你自己"。直到现在仍然是心理学的根基。另一位古希腊著名哲学家亚里士多德出版了论述心理现象的专著《论灵魂》，提出联想律，认为习惯是使观念联合的一种力量，这成为现代心理学联想律中频因律（多次律）的开端，直到如今仍然是我们学习理论的基础。

正如德国心理学家赫尔曼·艾宾浩斯所讲的，心理学的研究发展有一个漫长的过去，但只有短暂的历史。

20 世纪五六十年代，在美国作为"第一势力"的行为主义心理学与"第二势力"的精神分析心理学，由于他们的方法论与人性观方面存在着明显的缺失，被"第三势力"的人本主义心理学所代替，但不久后，"第三势力"的人本主义心理学也暴露出其狭隘性与局限性，"第四势力"呼之欲出。

美国著名心理学家马斯洛是人本主义心理学的杰出代表，但他已经发现了人本主义的困境。在其《存在心理学探索》的第二版序言中，马斯洛提出了超越现有人本主义心理学的设想，即超人本心理学的阶段，他认为："'第三种力量'的心理学是过渡性的，为更高的'第四种心理学'，即超个人的或超人本的心理学做准备。这种心理学是以宇宙为中心的而不是以个人的需求与兴趣为中心的，它超出了人性、同一性和自我实现等概念。"

他认为，要从小我的实现，迈进到大我的实现。没有超越，不能超越个人，我们就会成为病态的、狂暴的、虚无的，要不然就会成为失望的和冷漠的。我们需要某种比我们更大的东西，作为我们敬畏和献身的对象。

可惜马斯洛提出了超个人心理学的设想，却没有登上第四心理学的高峰。

德国心理学家冯特被认为是实验心理学之父。他认为，人们的行为是由内在动机和情绪驱动的，而意志起到了协调作用，以实现动机的有效利用和情绪驱动。

意志力较强的人能够准确地、严格地控制自己各种活动的强度、稳定性、灵活性以及发生的频率或概率，从而正确、果断地作出相应的行为决策，并有效地实施它。

冯特十分重视心理结构中的意志要素，并且认为自己是"意志主义者"。

但是很遗憾，在心理学史上，马斯洛的"第四心理学"与冯特的"意志心理学"并没有被后人充分理解和发展。

回望历史长河，古今中外，人类群星璀璨，意志的光辉从未被历史遗忘，反而历久弥坚。

20世纪50年代初，美国以所谓"联合国军"的名义公然入侵朝鲜，严重威胁我国领土安全。面对帝国主义的挑衅，中国人民志愿军高举保卫和平、反抗侵略的正义旗帜，雄赳赳、气昂昂，跨过鸭绿江，发扬伟大的爱国主义精神和革命英雄主义精神，同朝鲜人民和军队一道，历经2年9个月艰苦卓绝的浴血奋战，最终战胜了以美国为首的"联合国军"，赢得了抗美援朝战争的伟大胜利。这场胜利震撼了整个世界！

经此一战，第二次世界大战结束后亚洲乃至世界的战略格局得到深刻塑造，全世界被压迫民族和人民争取民族独立和人民解放的正义事业受到极大鼓舞，有力推动了世界和平与人类进步事业。

这场战争中，19万7千多名英雄儿女为了祖国、为了人民、为了和平献出了宝贵生命，涌现出30多万名英雄功臣和近6000个功臣集体。这样的英雄群体——时代的英灵，不仅仅是我们民族的骄傲，也是全世界反压迫、争取民族独立的一面旗帜与灯塔。他们的精神和意志，永远是我们学习的榜样。

这种精神、这种意志，从心理学角度也很有必要进行认真地研究。

系统心理学继承、发扬了冯特的意志心理学与马斯洛的第四心理学的核心思想，并提出了心态系统整体优化后产生的"意志导向力量"、新的力量（马克思语）。这种意志力量是不可战胜的。意志力就是生命之力、生存之力，是超越自我的内在本能的自然力量。它可称为心理学的第一规律——意志导向律。第二规律，就是相似律。第三规律，就是蝴蝶效应。这是本书最重要的特点。另外，根据心理学的进步和对数学的要求，在书中作了数理的有关解释与证明。

有一点十分重要，我们学习心理学的目的不仅仅是要知道"什么是心理学"，也不仅仅要知道什么是"系统心理学"，最重要的是构建我们整体优化的心理结构，发挥出 1+2>3 的倍数效应与超人的意志导向力量；也就是马克思说的"新的力量"，这个"新的力量"就是成功的力量、胜利的力量、超越自我的力量。

我们学习心理学的目的就是了解你自己——改变你自己——成就你自己。成就了自己，同时也会引领更多的人走向成功，推动社会的前进。这是人本主义心理学发展到第四心理学的最高峰，也是心理意志导向的顶峰。

一个社会能够产生出强烈的、有信仰的、高度自信的意志力量群体，他们的不断壮大就会引领社会高速前进，从这个意义上说，系统心理学也可被称为实践系统心理学。这也是笔者研究系统心理学的初衷。

最后，感谢深圳大学艺术设计学院院长崔育斌教授提供的美丽插图；感谢深圳逸马集团董事长马瑞光和助理刘星燕对此书的大力支持；感谢故宫博物院中国画法研究所蒋威教授给本书提供的手绘插图；感谢内蒙古质量和标准化研究院院长贾双文与马洪宇同志整理的英雄模范人物的材料；感谢内蒙古民族大学校长赵东海教授的大力支持。

乌　杰

2023 年 1 月于北京

第一章 西方心理学思想

两千多年以来，人类孜孜不倦地在探索自身心理现象的本质、规律与结构等等，这一过程当代仍在继续，不仅仅因为还缺少一个能够涵盖心理学诸多学派的系统整体的理论，同时也因为缺乏数理化的支撑。

正如德国心理学家赫尔曼·艾宾浩斯所讲的那样，心理学的研究发展有"漫长的过去，但只有短暂的历史"。

在这漫长的演化发展过程中，心理学与哲学、生理学、物理学等学科紧密地联系在一起，尤其是心理学与哲学的关系，可以讲一部心理学思想史，就是一部哲学的简史。

轴心时代的希腊文明与哲学、自然科学等等，是西方思想文化的胚胎与萌芽，是西方文化与思想的始发地。

一、古希腊时期的心理学思想

早期的希腊哲学，主要是自然哲学，探讨了世界的本原和本体

苏格拉底像

论问题，雅典成为古希腊的盟主后，把研究世界的本质问题转向研究人类社会本身。"人"成为研究的对象，促进了古希腊哲学家德谟克利特原子论的物质主义（即唯物论），转向苏格拉底、柏拉图的理念主义（即唯心论）。

公元前 400 年左右，古希腊著名的思想家、哲学家、教育家苏格拉底认为，哲学的目的在于认识自己，"认识你自己"成为传世的名言。

哲学的研究从此由客体的物质转向主观的个体，开启了人文科学与心理学的研究。苏格拉底认为，人的认识不是靠感觉和器官了解客体事物，而是内心的灵魂向世界的求索，求助于心灵的世界。

他认为，人的理性决定了人的本质行为是获得认识的真理而不是神或者其他什么东西，尤其是怀疑感觉所获得信息的真实性。他论证了人是行为的主体，确立了人在现实生活中的核心地位。苏格拉底认为，人与动物的区别，在于人具有能动的理性心灵。他认为，人的理性能动性是支配客观世界的"真正原因"，决定客观世界的"有用的目的"，求助于心灵世界，寻求存在的真理，从而扭转了过去哲学研究以自然世界为主体的方向。

罗马折中主义哲学家西塞罗（前106—前43年）曾讲：苏格拉底把哲学从天上带到了人间。

苏格拉底认为，人是由灵魂和肉体组成的，"认识你自己"就是认识你的灵魂，而灵魂的本质是理性。他认为，我们应该仰仗理性思维与内省的方法，审视自我的思维、情绪去认识自我，并通过理性去获得知识。

由此可见，苏格拉底的重大影响在于：

第一，对灵魂（心理）普遍意义的探讨上，从根本上规定了现代心理学的内涵，这有非常重大的科学意义。

灵魂是不存在的，但每个人都有自己的心理状态、心理结构、心理现象、心理性格、心理生命。"认识你自己"概括了这一切。

通过对灵魂（心理、心理学）的探讨，就能帮助人们认识自己、提升自己、改变自己、成就自己，实现自我的理想，以达到人生的最终目的。"认识你自己"成为最有效的工具，认识你自己就是改变自己命运的开始。

认识自己才能更好地认识客体、认识世界，才能制定既高远又能实现的目标：践行自我、实践自我、成就自我。

自省吾身（蒋威手绘）

第二，创立了一种苏格拉底式的教学模式，即：在广场、街头等开放场所通过问答对话讨论来帮助激发学生发现真理、增进知识，而不是向学生的心灵灌输真理。

采取开放对话式的街头教授方式，确实起到了很大作用，影响深远。他们的对话不仅仅研究了人类认识的起源、本质、方法，同时对学习、记忆、意识也进行了探讨。

苏格拉底的学生柏拉图，也是一位非常重要的思想家。他的一生可分为三个阶段：28 年的学习、12 年的游历或游学、40 年的讲学和著述，这三段经历基本就是他的一生的路径，并成就了他的学术思想。他曾经三次去西西里岛的叙拉古，试图把政治理想付诸建立一个"理想国"，但都以失败而告终，其间曾被当奴隶出卖，后

柏拉图像

被朋友赎回。32 岁的柏拉图建立了雅典学园，他的教授方式是边散步边授课，曾被称为逍遥学派。雅典学园存在了 916 年，公元 529 年被关闭，对后世影响久远。

苏格拉底认为抽象概念（辩证法）是高于事物存在的思想，在柏拉图的发挥下，形成了"理念论"。

柏拉图认为，灵魂来自天国的理念世界，灵魂进入人体后，支配人体。人死后灵魂又回到了理念世界，理念被认为是永恒的、无始无终、生生不灭的独立存在。肉体的欲望成为灵魂的牢狱。

柏拉图的"理想国"中，把人分为三个等级，即：哲学王（统治者）、武士（执行者）、奴隶（劳动者、被统治者）。相应地，他把灵魂（心理上）也分三类：理性、意志（勇敢）和情绪，即知、情、意（感性、理性、意志）。

在认识论上，他提出了"回忆论"，认为知识是不死的灵魂所固有的。凭借可感知的事物能重新回忆起来。

他认为，理性凭借辩证法，从理念出发，通过理念，达到理念，以理念世界为对象获得理性认识。

柏拉图认为，接近性与相似性是决定思维模式的重要因素。后来，科学家牛顿在 1687 年的《自然哲学之数学原理》中也认为，自然是和谐与自相似的。

当代系统科学的分形理论中，也证明了事物的发展与演化是相似的，不是我们过去讲的相反相成。这些思想与原则应该讲都受到了柏拉图的思维模式的影响。

柏拉图在雅典学园授课厅入口的上方，写下了"不懂几何者免人"。有一次他的学生问他：上帝是做什么的？柏拉图说：上帝是几何学家。柏拉图认为，几何学是一直存在的知识，几何学家可以测量大地，而人的灵魂呢，能测量吗？

毕达哥拉斯早已证明，心理的某些方面也能被测量。柏拉图继承了他的思想，柏拉图认为可以通过测量身体的不同部位，来整体上评价个体的差异。

他认识到，人的潜能强大，可以分成三类：金质的、银质的、铜铁质的，此观点被认为是"先天论"，是上帝的安排。

亚里士多德是柏拉图的学生，2300 多年前他写的《灵魂论》是欧洲第一部心理学著作，采取了生物学的知识来解释心理现象。

他认为，灵魂是整体的一部分，共有三种灵魂：营养灵魂、感

亚里士多德像

觉灵魂和理性灵魂。植物具有营养灵魂，动物具有感觉灵魂，人独有理性灵魂，同时，人还兼具三种灵魂。灵魂有理性的与非理性的区别。

亚里士多德把感觉看作生物生存与发展的必要条件，辨别力是感觉的第一特征。他把感觉分为特殊感觉和共同感觉，共同感觉就是知觉，特殊感觉有五种：视觉、听觉、嗅觉、味觉与触觉。这些感觉不仅仅是为了动物的生存，而是为了动物更好地生存，而感觉所接受的对象都有一定的局限。

亚里士多德反对柏拉图的"理念论"，他认为理念世界是虚构的，现实才是真实的。灵魂是形式，身体是质料，二者是统一不可分的。

他认为，灵魂是生命的本质，身体是灵魂的工具，在身与心的关系上，陷入了"理念论"的二元论。

他认为，所有的生命是一个"生命的阶梯"，构成生命的三个等级：营养的"植物"；感性的"动物"和理性的"人类"。

他认为，戏剧对观众产生净化的作用，还能激发震撼的情绪，成为弗洛伊德宣泄性的理论基础。

亚里士多德的归纳法和柏拉图的演绎法为现代科学与心理学奠定了哲学方法论的基础。亚里士多德的归纳法提出了人类记忆的基础原则，三条基本原则是：相似性、对比性、接近性。

总结古希腊文明及其心理学思想。其一，我们清楚地感受到，在哲学上，公元前300年左右伊壁鸠鲁学派曾提出，生活的目的是享受任何可能的快乐。同时期的斯多葛学派认为，理性原则支配万物，个人及国家行为应遵守发扬理性原则，激情与情感应当被压制。美国心理学家威廉·詹姆士描述这两派时讲，前者他称为"软心"，后者他称为"硬心"。这就是我们现在的情商与智商的思想来源。实际上还有第三要素：意商。意商就是意志力（爱好的力量、信仰的力量）、执行力（履行公共权力的力量）、实践力（知行合一的力量，行为智、情的成功力量）。这三种力量的合力，才是健康的、理想的、强大的心态，才能成就事业。

我国宋代思想家王阳明提倡：事上练、行上果。知（智）与情感（情绪、心态）是行之始，行是知（智）与情感的果。

1917年毛泽东写了一篇文章《心之力》，被老师杨昌济给了满分。他写道：宇宙即我心，我心即宇宙。细微至发梢，宏大至天地。世界、宇宙乃至万物皆为思维心力所驱使。……志者，心力者也。……人之力莫大于心。……精神一到，何事不成？……心为万力之本……

这个"心之力"就是情商、智商、意商的综合之力，正所谓"精神一到，何事不成"！"心为万力之本"，这是成功之士必备的素质条件。

亚里士多德的经验主义观点认为，心灵是由经验来装备的，这个观点影响了英国的洛克和华生的行为主义心理学。

其二，早期希腊哲学家提出"人是万物的尺度"，毕达哥拉斯也认为，物质世界与和谐的心理体验之间有一种数学关系。后来苏格拉底、柏拉图、亚里士多德继承和发扬了这个"人本主义思想"，人文研究应以人本为主，因而确立了人本主义的认识论，研究人

希波克拉底像

盖伦像

的起源、本质、方法和学习、记忆、意志等等。但是，另一方面他们放弃了毕达哥拉斯把心理现象与数学、物理学结合起来研究的方法，这是十分遗憾的。

其三，在广场空间上接受学习教育，通过对话讨论的方式，启发学生的智力，使学生自己发现真理，而不是通过硬性的灌输方式，这种方法可以认为是最有效、最理想的一种教育方式，只要有条件我们就应该提倡。

其四，公元前500年左右，早期希腊的医学家阿尔克美恩和医学之父希波克拉底，都提倡整体论的治疗方法，反对神庙医学。他们认为，身体过热导致发烧、身体过冷导致发抖，这些病源都是自然原因，因此必须用自然的方法加以治疗。身体必须在身心和谐状态下工作，因此休息、锻炼、改善饮食、听音乐、与朋友交谈，以恢复身体自然和谐的各种方式加以治疗。这也符合中国中医的理论与系统理论中的整体论的观点。

希腊医学家希波克拉底的"体液理论""干渴理论"不仅对后代西方医学有极大的影响，对心理学发展也有重要影响。

古罗马医学家盖伦在《论身体各部器官的功能》和《论灵魂的激情与谬误》中指出：灵魂（心理）的疾病是由于愤怒、恐惧、悲伤、嫉妒、强烈的欲望和激情引发，激情是非理性力量控制的。使人摆脱这些激情是比较困难的，一定要理智克服个性自恋。同时他认为，人的身体错综复杂，和谐与美不可能是一个偶然事件，这是神的智慧设计的证据。

二、现代心理学思想

1. 费希纳

1860 年德国物理学家、哲学家、心理学家、美学家古斯塔夫·费希纳出版了《心理物理学纲要》一书，成为心理学史上的一个重大事件。有人称之为是"实验心理学"的开端。

费希纳认为，心理物理学一定要像物理学一样，建立在经验事实与数学之上。

费希纳认为，我们的心理是生理的一个关联函数。反之亦然，它们之间存在一种函数关系，身体和心理是一个共同体的两个方面，并且我们需要对心理过程的一个量化的科学方法，他开启了量

费希纳像

化实验心理学的道路，创立了实验心理学。

费希纳提出的最小可觉差法、正误法和平均差误法是经典的生理心理学的方法。

1860 年他在韦伯定律的基础上提出了费希纳定律。

公式为：S=KlogR。其中：S 为感觉到的刺激强度，R 为实际强度，K 为常数，log 就是对数。

表示物理刺激与其所引起的感觉强度之间的关系。

这个测量的基本公式，可适用于更广泛的领域。费希纳认为，我们的物质财富是一个惰性的存在，但构成了精神价值的环境、心理财富的环境。比如，1 美元对穷人的价值比富人更大，它可以使乞丐开心一整天；可是对富人讲基本没有什么感觉。这个定律完全可以解释类似的情况，心理财富与物质财富之间的函数关系。

费希纳引用了法国数学家拉普拉斯的"概率论分析"中的物质财富与精神财富的数学关系，公式为：Y=KlogX+logh。

X 表示个体物质财富，K 表示常数，Y 表示精神财富，h 表示任意常量。个体得到的心理财富增量（dx），它与物质财富成反比。这是一个很有趣的心理学公式，毫无疑问，它可以应用于诸多方面，这也说明心理健康的人不爱钱财与富贵。

费希纳把心理过程看成一种波浪，一种周期的运动，它可以与宇宙系统联系起来，地球上生物的运动，都服从每天的周期。比如，海水的潮涨潮落、大气的循环等等，这些特殊的过程都有阈值。

他也阐明了波动模式的特征，心理周期的原理。而这个周期与波动都遵守能量守恒的原理，因而它必然是一个振动系统。这对后来的心理学研究产生了重要的影响。

费希纳认为，有机体的振动本质，不仅是从理论得出，而且得到了经验的支撑，比如睡眠、清醒。

他认为，所有的心理品质，包括快乐、痛苦，都是能用"心理物理运动"及相关的能量的量化参数表现出来。这个量化参数就是物理学里面的最小作用量原理，这个问题在后面会详议。

费希纳认为，不仅心理活动，心理结构也服从振动的原则。如记忆储存于神经的整个网络中。这些思想都是难能可贵的。

费希纳提出，在心理动力方面，世界的运转遵守"趋向稳定原理"，如太阳的周期性重复运转。实际上这个"稳定原理"，也就是和谐原理，即物理学上的最小作用量原理的表征。

2. 冯特

威廉·冯特，出生于 1832 年，德国哲学家，心理学家。1862 年他的第一部著作《感官知觉理论论文集》出版，是对感官知觉理论的贡献，也是心理学创立初期的重要著作。他在这本书中发展了知觉理论，他认为心理学是在自然科学与社会科学之间，应该用自

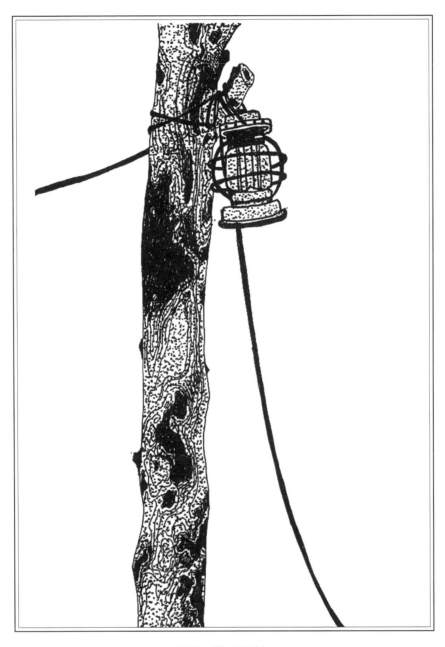

平衡（蒋威手绘）

然科学的方法，去研究心理
学的问题。

他认为，语言、美学、
宗教等等，都是最高级的心
理过程的反映。

冯特的目标是把心理学
建成一个整合社会科学与自
然科学的基础科学。

1874 年，冯特出版了
《生理心理学原理》，这部书
是近代心理学史上第一部最

冯特像

重要的著作。他认为，心理学的目标是研究"意识的过程"，或者
是研究他所认为的与"间接经验"相对的"直接经验"的一部分。
"直接经验"属于物理学研究的领域；而"间接经验"属于心理学
研究的领域。

他认为，心理学家不是去研究外部世界本身，而是以体验与观
察外部世界的心理过程。

冯特认为，心理学是一个创造性的、动态的意志力量，必须通
过一种对其活动和过程的分析才能理解它。因此，冯特称他的心理
学是唯意志论或意志心理学。

冯特认为，独立于身体之外的"心理学"是不存在的，他强烈
反对"身心二元论"。

在研究方法上，他采用了自我观察和实验的内省法。比如：感

觉、知觉、注意、联想等等，他提出了情感三维论。

冯特在《民族心理学》中提出集体意识、语言、风俗、习惯等发展规律的问题。在个性心理学上，探讨了素质、气质、性格等等。

冯特的主要贡献是：

第一，剥离了心理学、生理学与哲学的关系，创建了心理学的科学模式。

第二，奠定了研究心理学的实验与自省的方法。

第三，他认为心理是整体的、复杂的思想。尤其是他肯定了心理是创造性的、动态的意志力量。

冯特称他的心理学是唯意志论，而不是构造主义的，这一点十分重要，因而区别开了与他的学生爱德华·铁钦纳的构建主义学派。

冯特认为，心理学是一门新的学科和正在发展的学科，他不仅创建了心理学，还培养了大量的人才。后人评论他是"知识界的拿破仑"，但只是"没有天赋的拿破仑"，他的才华是百分之一的灵感，加上百分之九十九的汗水。

而这正恰当地说明了他践行了自己的信仰，"心理学是唯意志论"，"心理是一种创造性的、动态性的意志力量"。

冯特在晚年右眼斜视，在学术研究上读与写都很困难，他的这种勤奋令人感动。

我们应该讲：心理（心态）是一种创造性的、能动的、伟大的力量，是达到成功必备的一种性格，这就是"意商"。

3. 培根

近代科学区别于中世纪传统知识的主要特点，就是注重实验。英国著名哲学家弗兰西斯·培根面对欧洲数千年的宗教偏见"知识即罪恶"，提出了"知识就是力量"；正像古希腊哲学家亚里士多德推崇知识一样，他认为追求知识可以摆脱愚昧。培根弘扬知识，他知道知识的实用性，应用知识能产生的巨大的精神和物质力量。

培根像

培根认为：人类的知识与权力是"合一的"，这句话被提炼成为"知识就是力量"，"知识是人类社会的精神生命"。这种思想大大推动了人文科学与心理学的发展。

4. 笛卡尔

到了笛卡尔时代，他认为心灵与身体是分离的，而且各自有不同的规律。

把发现的快乐留给他人的笛卡尔，从经验主义出发，推测认为：我们无法绝对确定上帝的存在。

笛卡尔"身体是机器"的观念影响深远，他确立了六种原始情绪。他的身心二元论，提供了一个范式，引发了先天与后天、遗传

笛卡尔像

与环境的争论。

黑格尔称笛卡尔为"现代哲学之父"。笛卡尔通过"我思故我在",奠定了理性方法论的基础,确立了自我意识,确立了思维与存在的统一性,也就是确立了精神实体的存在。我思想,我认识,所以我存在,灵魂的属性是思想,物体的属性是广延。

他认为,人的认识能力是天赋的,这种能力产生的思想也是天赋的。

5. 莱布尼茨

莱布尼茨是德国著名的科学家、哲学家。他在 1714 年出版的《单子论》中,提出"单子"是不可摧毁、不可创造、不可改变的,物理世界与心理世界都是:自主单子的多元状态。

他认为"单子论"是没有部分,是不可分的实体。每个单子都

有"知觉"和"欲望"，最高
的单子是上帝，上帝是创造
一切的单子。

　　单子是能动性的实体，
它处于不断的运动发展过程
中，他否认必然性与偶然性
的对立、有限与无限的对立。

　　他认为，上帝构造人类
及其心理，是平行的两座钟，
被称为"平行论"，"先天论
者""天赋论者"影响到了
"主动论心理学"与"意动心

莱布尼茨像

理学"的学派，即布伦塔诺的"意动心理学"，其三种基本心理意
动是：爱憎、判断、想象。

　　莱布尼茨提出了"前定和谐"来解决身心的关系，他认为身与
心的和谐、协同是由于上帝的预先安排。他认为，心是"一块有纹
路的大理石"。感觉与思想是心特有的能力。

　　6. 康德

　　康德确立了人类心灵的三种基本范畴：认识、情感、意动。这
三分法与古希腊柏拉图的知、情、意的三分法相类似，极大地影响
了冯特的心理学。

　　冯特认为精神能力有三种：认识能力、感性的快乐与不快乐以
及愿望能力。这种提法基本上概括了心理学上人的能力、精神与行

康德像

为的关系。

康德认为，认识更高级的能力是理解、判断和推理。而科学真正需要研究的是，位于时间与空间可观察的对象，并可用数学关系来描述的逻辑关系，但心理学缺乏这个关系；因此，心理学不可能成为科学，这个消极的看法也影响到了心理学界。

康德认为，人的认识包括两个部分，一种是心灵性的，另一种是悟性的，感性是通过人的感官所获得的，而悟性是一种先验形式，是先天存在于个人心中的，与外物的经验无关。

康德断定，人的心也是"物自体"，是不可认识的。

康德认为：头顶的星空和内心的道德法则，让人越思考心灵越充满常新而日益增长的惊赞和敬畏。这反映了康德革命哲学的内蕴和毕生追求的情感。康德高扬人类的理性和科学真理，大胆否定牛顿认为的上帝是宇宙第一推动力的思想，提出了宇宙生成的世界观，引发的这场哲学革命、思想革命，影响到了自然科学及社会科学的各个方面。

康德讲：给我物质，我就用它造出一个宇宙来。马克思认为，康德的哲学是"法国革命的德国理论"。因为康德很好地解释了法国革命的伟大意义，从另一角度也说明：法国爱革命，德国爱理论。

三、主要的心理学派

1. 格式塔心理学

格式塔心理学诞生于 1912 年的德国，创立者有马克思·惠特海默、库尔特·考夫卡和沃尔夫冈。以惠特海默的《运动知觉实验研究》的论文为开端。他们对知觉开始研究，后来扩展到学习、认知等心理学领域。

格式塔心理学强调心理意识的完整性和动力结构，它的基础是德国康德的哲学理性主义与德国哲学家胡塞尔的现象学。这个理论的核心是整体思想，即整体大于部分之和的思想。主要有下列几点：

惠特海默像

第一，有组织的整体思想。

第二，现象学是基础，现象是格式塔理论的研究对象，心理分析是遵循从现象到本质的路径。

第三，实验是主要的方法。

格式塔派认为，知觉是作为整体现象出现的，知觉是主动的、活跃的，是有组织的心理现象。

例如，整体的视觉原则有：

第一，相似原则：相互类似的部分容易组成整体。比如，圆形与方块的组合。

第二，接近原则：事物彼此在时间上、空间上接近的密切，被视角看为一个整体。

第三，连续原则：事物其间有短缺处时，视角也会把它们看作一个完满的圆形。

第四，闭合原则：比如，画一个有缺口的圆圈，人们会忽视其缺口，仍会视其为整体。

第五，共同命运原则：人们会把相同方向运动的事物组织起来，成为一个整体也就是命运共同体。

格式塔学派认为，知觉原则不仅仅可以解释视知觉，还可以解释听知觉、触知觉，甚至高级的心理过程，如记忆等等。同时也引申并解释了蔡加尼克效应（如电视与连续剧中的广告，不完整的、紧张的情节出现的广告，令人极度期待），验证了格式塔理论的普遍性。

整体大于部分的思维，正是知觉经验的理论基础，说明知觉能力的机动性，知觉能力的创造性。这个整体性增加的新质，正是当代系统理论中的整体优化原理的体现。

格式塔理论的重要性、前瞻性也表现在这里。用这种方法可产生"顿悟"的创造力。比推理的方法、试错的方法更高级，更富有独创性。格式塔心理学为场论的概念打下基础。格式塔心理学继承、发展了冯特的以意识为核心的心理学思想。

2. 弗洛伊德的心理学

弗洛伊德是奥地利著名的精神病学家。他作为医生考虑自己的职业使命与病人的需求，形成了一种特别的治疗方法——精神分析的方法。

精神分析就是心理分析，也是一种情感心理学。主要是治疗情绪紊乱、行为失常的病人，这种病往往是无意识的、由人的本能所引发的。

精神失常的治疗和理论，早在古希腊时就被希波克拉底称为"圣病"，并存在着两种治疗方法，即生理学与心理学的方法。

弗洛伊德他在治疗精神病的过程中，首先采用了精神的分析方法，相应地形成

弗洛伊德像

了一整套理论。这套理论把人作为世界的中心，把人的精神当成人的本质，把无意识当成精神的本质，把性欲当作是无意识的本质。

首先，强调无意识在精神活动中的作用，认为无意识是精神活动的基础。无意识决定人的性格、决定人的动机，进而决定人的生活与社会活动，弗洛伊德也因此被称为无意识主义者。

其次，弗洛伊德认为，人的精神活动取决于人的内在动力。性欲即性力（或内驱力）推动人的一切精神活动。

概括而言，弗洛伊德主义把物质过程精神化，把社会过程心理化，把思维过程无意识化，把无意识过程"性力"化、性本能化、性欲化。

与这一思潮相应的是资本主义社会的高度发展，传统的封建主义困扰着人的心灵，社会的病态导致了人们精神的"失常"，这就需要一种治疗的学说和治疗的方法。

弗洛伊德的老师奥地利生理学家布吕克认为，人的心理能力是源于神经细胞的能量。这显然与他的学生弗洛伊德的观点不一样。此外，心理学家布伦塔诺还创立了"意动心理学"。

人本主义的叔本华，唯意志主义的尼采，也强调了精神生活中的无意识的作用与非理性的作用。

可见，19世纪提供的科学技术及思想文化条件，最终促使弗洛伊德主义的产生。

弗洛伊德片面强调本能即"性本能"的作用，"性力"是性格与动机发展的动力，因而被称为"深层心理学"。弗洛伊德进一步把这个理论推广成整个世界的普遍原则。弗洛伊德强调"自我产生非我"，实际是一种精神哲学。将无意识、本能（性力）当作人类整个精神生活的基础。动物性本能作为人性的基础，有两种本能：生的本能、死的本能。生的本性包括性本能和自我保存的本能；死的本能是人的自毁力量，因为生的目的最后乃是死亡，因而死的本能更为基本的本能。在本能的冲动中，最主要的是"性冲动"和"性力（Libido）"，性力是人生的内驱力，这种冲动时时处处寻求发泄。

无意识是因，意识是果，无意识是一种盲目的力量，它任性妄为。人在生活中的笔误、口误、做梦、精神病和性变态，都是无意识的。

1897年弗洛伊德出版了《梦的解析》，解释了对梦的自由联想与梦的象征作用。

最初弗洛伊德认为，人的精神生活可以分为有意识与无意识两大部分。无意识是人的思想深处的驱动力，尤其是无意识的性欲及其冲动，后来发展成了三个层次的理论，即本我、自我、超我，相对应的意识为潜意识、前意识和意识。

本我是原始的冲动，就是本能的我，这种我是由与生俱有的本能、原始愿望所生成的，是人的主观实在，本我是无意识的，它不受约束。处在最难接近的底层，犹如"巨大的深渊"，像一口"沸腾的大锅"，它不知道道德价值。

弗洛伊德认为，本我是按照快乐原则行事，追求的是满足，冲动是随时的、强烈的。

自我是按照现实原则与理性原则行事，所谓自我是面对现实的

本我（蒋威手绘）

我。自我是有意识与无意识的混合体，它是外界事物接触过程中形成的。自我是"唯实"原则支配下的行动。

超我是按至善原则行事，指导自我限制本我，达到理想的自我。超我是道德化的自我，是人的性格中最高的监督及惩罚。

弗洛伊德认为，本我、自我、超我三部分是互相联系的，不是彼此独立的。

在人的性格中，本我是基础与动力源，它依次派生出自我与超我。

弗洛伊德认为，人的个体性格也是逐渐形成的，性格也是不断变化的，人的性格随着性欲的变化而改变，大体有以下几个阶段："口部""肛门""阳物崇拜"和"生殖"。

他认为，文学艺术是无意识中那些受压抑的欲望，通过艺术手段，形成另外一种形式的满足。

弗洛伊德的精神分析学说，是当代西方社会有影响的学术思潮，并渗透到许多领域。比如，存在主义、结构主义、法兰克福学派和批判哲学，在不同程度上接受了它的思想。

弗洛伊德的后辈、同事、瑞士心理学家荣格提出集体无意识的概念，发展了弗洛伊德无意识学说。包括人类自祖先相传的经验和潜在的记忆等等，是生物进化形成的心理积淀，后来演变成了种族无意识。

荣格认为"性力"是指精神能量，不仅仅是性欲，而是人的生命力。荣格认为，自我是属于意识范畴，是人在个性中形成的，自我就是"自觉的意识组织"，是意识的"门卫"。

另外一位是奥地利学者阿德勒，个体心理学的创始人，他强调人的性格形成中的社会因素，包括生活风格。阿德勒提出了"创造性的自我"，可以帮助人们提高性格的能力。

后来的弗洛伊德主义者提出了"自我心理学"，说明弗洛伊德的理论有了根本性的转移，从强调"本我"到重视"自我"，从强调"性力"到重视社会文化因素。弗洛伊德的理论从否定性恶走向性善等等。但由于他的理论脱离人类社会现实性，导致后继者的分歧与不确定性。不过有三点是十分有益的：

其一，精神病治疗与他的理论有十分密切的关系，精神病治疗的实效，说明这种理论的有效性。

弗洛伊德基于这些基本观点，提出了"催眠三法"：说话法、释梦法和自由联想法，提出了利用情感转移"性力"与升华等一系列有效的治疗途径。

其二，有关意识的理论，它既来源于医疗实践的经验，也是思想史的反思。

其三，对无意识的理论的研究，最初是莱布尼茨提出的构成人的"精神单子"，每个单子都有知觉，都有"欲望"和微知觉。"欲望"推动单子的发展。实际上是无意识。后来心理学家赫尔巴特又提出了意识阈的概念。叔本华提出了，世界与人的本质是生存意志，生存意志就是无意识盲目的欲求和冲动，所以人的本质是痛苦的。

弗洛伊德的贡献，揭示了无意识的来源、构成（主要是本能的来源）、表现方式，以及无意识在人的性格生成与发展过程中的作用。因此，弗洛伊德被称为"无意识之父"。无意识的研究形成了一个潮流。

3. 铁钦纳构造主义心理学

爱德华·布雷福德·铁钦纳出生在英国，后来移民去了美国。1898 年提出了构造主义心理学。

铁钦纳用生涯的大部分时间去确定心理和意识的结构及其构成之元素。他是一个在美国代表德国心理学传统的英国人。

他认为，没有人能从书本上学会"内省法"，只能来自实验室，是一种"艰苦的内省劳动"。

铁钦纳像

铁钦纳认为，心理意识是由感觉、意象和情感三要素所组成。在他去世时，心理学已发展变化，结构主义已失去人们的关注。

铁钦纳对心理学的贡献，主要是严格的经验主义的方法。

4. 约翰·华生的行为主义

约翰·华生是美国心理学家，行为心理学的创始人。巴甫洛夫的条件反射原理为华生的行为主义心理学奠定了一个重要的理论基础。

华生像

华生界定了行为主义，确定了它的主要内容及方法，他反对结构主义与功能主义心理学，他认为心理学应该关注的是行为而不是意识，他掀起了一场行为主义的革命。

华生认为，冯特之前没有心理学，冯特之后心理学只有混乱和争议。他可以引领心理学走出黑暗。

他认为，心理学失败之处在于没有发展成为一种自然科学，原因在于心理学家只关注意识的功能与结构，意识既然无法研究，也就不需要内省法。

他认为，心理学是研究行为对象的，是行为科学。方法是观察、预测与控制行为，华生不满足"内省"、意识、感觉和想象这样的研究对象与方法。

后期的华生从动物研究转变到人类研究，从人的本能研究转变到对环境的研究。

我国行为主义心理学先驱、近代学者郭任曾在加州大学研究心理学与胚胎学，他认为以前所谓的本能行为，实际上都是学习的结果：他在一个有名的实验中，把小猫、小老鼠与小鸟放在一起喂养，这些动物和鸟成年后，不仅能相互容忍，还表现出某些友爱之情，所谓的猫捕鼠和捕鸟均未出现，实际上说明本能行为都是学习的结果，遗传功能的激活是另外的问题。

1930 年起，行为主义心理学被称为托尔曼整体行为主义和目的行为主义，风行一时。

美国心理学家埃德温·古斯里的接近学习原理也为行为提供了一个有力的解释。

新老行为主义心理学家已经逐渐衰落，斯金纳与托尔曼的思想及方法可能要长远一些。

5. 杜威的功能主义心理学

约翰·杜威是美国哲学家、心理学家。他 1896 年发表在《心理学评论》上的一篇论文"心理学中的反射弧概念"，正式宣告机能主义心理学诞生。

他在文中反对"刺激—反射"与"感觉和概念"的二级分类法，他认为"心理学反射弧"概念是一个连贯的事物，它是一个整体的协调单元，这显然是受到了达尔文进化论及格式塔理论的整体思想影响。

他认为，任何一种"刺激—反射"都发生在一定的环境中。比如，儿童触摸燃烧的蜡烛火苗这个经典的例子中，忽视了行为适应环境的作用。儿童伸手触摸燃烧的蜡烛火苗，到缩回被烧疼的手，是儿童一系列的行为整体对环境的反应，形成反射弧的状态与区域的概念，不能看成简单的行为与刺激的两极反应，而是行为主体与

杜威像

适应环境的一系列的整体协同反应。

杜威否定了刺激反射的二分法，肯定了"刺激—反射—环境"的整体协调功能。

这样对环境协调与适应的整体功能，对所有的心理学家都产生了重要的启发作用。

另外一个功能主义心理学威廉·詹姆斯提出了意识流。他认为意识是一个整体过程，不能分为元素。詹姆斯用的思想方法（即实用主义哲学的方法）的核心是：实用标准。它是可以确立真理的。信念并非由于真实而起作用，而是由于起作用才真实。他的心理学由此而发。

他认为意识有四个特点：其一，私人性，每人有每人的私有意识；其二，变动性，意识是随着时间而变化，是一种流；其三，连续性，意识是连续的、流动的；其四，选择性，选择的原则是关联性，因此意识是流动的。他反对冯特的意识可分成元素。

他认为，我们害怕，因为我们发抖；我们伤心，因为我们哭泣。身体的表现在前，情绪出现在后。实际上应该是两种表现同时发生，这是整体身心协调后的结果，不是单一的反应。情绪与动作，哪个在先，哪个在后，取决于个人心理反应程度以及环境和习惯，但心理状态是十分重要的。

6. 认知心理学

20 世纪前半叶，出现了反对行为主义心理学的思潮。心理学界开始注重知觉、注意、记忆、认知的研究。这个现象的出现一方面是心理学自身发展的结果，同时也是计算机科学、语言学、系统科学发展的结果，其实就是哲学上认识论的回归与深化。

认知心理学恢复了意识在心理学中的地位，可谓一场革命。它实现了研究方法上的突破。

意识作为认知心理学中的核心，具有容量有限的问题。任何一个有意识的时刻，比如一个场景、一个计划、一个意向、一个时刻只能做一件事。比如，开车时打电话就是一件危险的事。

意识上集中于新异的事情上，这一点动物与人类是一样的，喜欢寻找新鲜的、富有信息的刺激物，并且这个刺激物要高于意识阈值之上，也就是一个神经反应所需要的最低能量。这应该是动作电位的能量，这个信息才能被意识到。

认知心理学关注的是关于如何获得、转译、表征、储存和提取知识，注意什么及如何作出反应等。

有人讲，给我一台计算机，我给它们不同的程序，就可以产生出社会各层次人物不同的思维。电脑能很好地执行快速的数学运算及遵守逻辑规律，而人脑却能进行概括和推测、理解复杂的模式，适时地产生情绪。

许多研究表明，众多的功能是分布整个大脑的，都是大脑整体协调后的功能。

大脑的功能是通过多个部位的平行进路完成的，因此科学家们把信息的平行加工的方式，引进了最先进的心理学与神经科学的模型。

第二代认知心理学家——计算机的科学家，已经制造出类似人脑的计算机。用"电子代理神经元"组织硬件模仿大脑，这种计算机叫作融合神经网络计算机。我们当然知道计算机与大脑的工作机制有本质的不同。计算机、神经科学与认知心理学的融合，将诞生一种新的科学——认知科学。

在 1955 年，心理学家米勒在《神奇的数字 7 ± 2》一文中，提出在注意的时间内，记忆的数量是 7 加减 2，即 7 ± 2 的数量，也

米勒像

就是记住的数量为 5 到 9 之间，米勒称之为神秘的 7。它的过程称之为瞬时记忆，如果将零散的信息组成块，能增加记忆的总量。米勒通过实验，重新编码能够增加短时记忆的信息量。

他认为：一是即时记忆的广度，有一定的限度；二是重新编码对人类、对人类心理具有重要意义；三是信息论的理念及测量方法，提供了某些问题的量化方法；四是数字 7 是神奇的，它不仅仅对即时记忆的广度为 7，而且音阶的个数和基本颜色都是如此。

《神奇的数字 7±2》一文，反映了米勒把信息论引入心理学的思想，引发了巨大的反响。

米勒认为，这篇文章核心是人的心理，它是有限度的。

1960 年米勒等三人合著的《计划与行为的结构》一书出版，他们认为，这本书的核心是以控制论的反馈观点，取代行为主义的 S—R 模式，去解释人类的行为模式。

用反馈系统取代反射弧，成为控制人们行为的基本单元。

瑞士心理学家让·皮亚杰认为，智力与所有的生物功能一样，是进化适应的产物，这正是达尔文进化论的观点。

皮亚杰指出，生物发展、智力发育都遵循两条基本原则：适应与组织。适应包括同化和顺应两极过程。同化与顺应代表了一般适应过程的两个互补方面。皮亚杰认为心理是结构化或组织化的，可以称之为"图式或范式"。

1928 年爱因斯坦向皮亚杰提出了一个问题：儿童是按怎样的顺序获得时间与速度概念的？

因为牛顿认为，速度是由时间定义的：速度 = 距离 / 时间。而

皮亚杰像

相对论认为，时间与速度是相互定义的。爱因斯坦想知道儿童是如何理解这两个概念的。20 年后皮亚杰作出了回答，实际上儿童早年就存在着知觉概念化。

皮亚杰认为，儿童的思维模式是从"孤独的"变为"自我"为中心，然后才成为社会化的思维。另一派被俄国人称为"心理学界的莫扎特"的维果茨基则认为，学习先于发展，思维的发展不是从个体到社会，而是从社会到个人，从学习到内化。

遗传影响儿童、成人的能力，主要表现在适当的年龄段，遗传基因被激活，并通过用进废退的进化机制扩展自身的心理能力。

7. 人本主义心理学思想

在 20 世纪前半叶，精神分析与行为主义在心理学界仍占有重要的地位，但在方法论方面存在严重的缺失，人们开始感到应该从动物如对狗、老鼠或神经病患者——非正常人类的实验中解放出来，转向人类，人的本身及人的特性上来。

从对动物的实验转向人类本身的实验，是心理学发展的主要阶段。

人的潜能、尊严、价值、爱、自我等等，这些只有人具有的特质，才是我们心理学研究的真正对象。

1937 年美国心理学家奥尔波特出版了名著《人格：心理学的解释》一书。这里说的"人格"应该翻译成为"性格"，"人格"是法律性及道德性的概念。

他认为，人格（性格）是个体内在的心理物理系统中的动力组织，它决定着一个人独特的思想与行为。

奥尔波特强调性格的整体性和动力性，人的行为是内部力量驱使的。

性格是由先天因素与后天因素共同决定的。奥尔波特提出了性格的特殊性、特质、动机、人格的发展，但

奥尔波特像

人格（蒋威手绘）

他的理论缺乏系统性与完整性。

1943 年，美国心理学家马斯洛发表了《动机理论引言》，他在这篇论文中提出了完全不同于传统的动机理论，也不同于弗洛伊德主义的需求理论，主要包括五个方面：生理需求、安全需求、归属与爱的需求、自尊的需求和自我实现的需求。

越是低级的需求就越基本，也就越接近动物的需求。越高级的需求，越是人类所特有。每种需求是按照优先顺序出现的，但也有许多例外。

马斯洛像

马斯洛认为，需求可能是无意识的，也可能是有意识的。

历史上许多英雄人物，为了追求自己的理想、信仰、理念，全然不顾任何需求，甚至牺牲自己的生命。马斯洛认为，他不是基本需求万能论者。不能用基本需求解释所有人类行为；他也看到，基本需求之外也完全可以决定人类的许多行为。这就是我们需要研究的，高尚的人、伟大的人、创造历史的人物，他们光辉的思想，决定了他们伟大的行动成果，这是超过人类基本需求的序列。

这就是在智商、情商之外的第三者——意商。

但是我们也注意到，一般人是按马斯洛的需求理论路线行走的。

马斯洛认为，达到真正自我实现的人并不多，其数量不到1%，他举例如爱因斯坦等人。

马斯洛总结达到自我实现的人的特征：

一是他们能准确地、全面地洞察现实；二是他们对自己及他人表现出极大的接纳；三是他们表现出自发性与自然性；四是他们有独处的需要；五是他们独立于环境与文化；六是他们以持续新奇的眼光欣赏事物；七是他们经常经历神秘的体验与高峰的体验；八是他们关心全人类，而不只限于朋友、亲属和熟人；九是他们往往只有少数几个朋友；十是他们有强烈的道德感，但不一定接受传统的道德标准；十一是他们有良好的善意和幽默感；十二是他们富有创造力，尽管自我实现有令人羡慕的性格特征，但也有很多普通人的缺点，比如周期性的心不在焉、无情和偶尔的自我怀疑。

在研究人的自我实现时，马斯洛发现他们有无限的视野，从没有过无力而又无助的感觉，有一种敬畏、强烈的幸福、狂喜、完美、欣慰和失去时间的感觉。马斯洛称这样的感觉为"神秘的体验"；罗杰斯称为"充分作用"；詹姆士称为"神秘体验"；而弗洛伊德称为"海洋感受"。

马斯洛认为，"神秘的体验"可由多种途径获得，如倾听经典音乐、在体育比赛中取得好成绩、一次愉快的野营、灵感后的喜悦、一次理想的情爱、挚友的深谈等等。

微弱的神秘体验，大部分人都会发生。马斯洛的论文《Z 理论》区别了高峰体验者与非高峰体验者之间的差异。他认为，超凡脱俗的高峰体验者，则可能成为诗人、音乐家、哲学家、发明家、科学家等等。

1965 年马斯洛的《优心态管理》（*Eupsychian Management*）一书正式出版，他强调了员工的动机、人力资源、领导心理学和人本主义的人性思想是管理科学的一场革命。

1968 年马斯洛的《存在心理学探索》一书出版，其中他提出了要超越现有的人本主义思想，要上升到超个人心理学的阶段。要超越个人的，以宇宙为中心，而不是以人的需要与兴趣为中心，人应该以个体之外的宇宙为中心。从小我的实现到大我的实现，达到天人合一的境界。

他仅仅提出了超个人心理学的设想，没有再深入下去，十分遗憾。

美国心理学家卡尔·罗杰斯，是人本主义心理学的主要代表人物之一。他在《在患者中心框架中发展出来的治疗、人格和人际关系》一书中提出了"实现倾向"。

他认为"实现倾向"，只要他们（它们）被赋予了生命，无论是一棵树、一株草、还是一个人，都会表现出一个明显的生存、发展、活动的趋势，一种求生存、求强大、求完满的趋势。比如，土

罗杰斯像

威尔伯像

豆储存在一个地下室，离窗户很远，它仍然向着阳光的方向生长，苍白的土豆芽拼死地生长，拼死地展现。

因此，他认为每个人都有一个积极向上的取向。罗杰斯这个思想与弗洛伊德的"前意识"非常相似。

美国心理学家、哲学家肯·威尔伯 1973 年提出了"意识光谱理论"，他认为可将意识分为：心灵层、存在层、自我层、阴影层。

心灵层是最高的意识层次，是最完满、包容最大的意识状态，此时自我与宇宙是一体的；我就是宇宙，宇宙是我。不存在自我与非我的界限，相当于中国传统的天人合一境界。

人本主义心理学理论重视人的价值、人的理念、人的性格研究以及人的自我实现。这是心理学的一个重要发展、重要成果。尤其是后期马斯洛提出的"超个人心理学的设想"更有重要的意义，他继承了柏拉图、卢梭的理想主义观点，认为人性是善良的，恶习可以通过教育而改善，进而成就自我。

总之，西方心理学思想史，经历了一段艰难的成长过程，数百名心理学家作出了自己的贡献。

冯特称他的心理学为"唯意志论"，或者说"意志心理学"。

1860 年费希纳提出了"费希纳定律"。他认为，所有的心理品质，包括快乐、痛苦，都是能用"心理物理运动"及相关能力的量化参数表现出来。他进一步提出，我们的心理是生理的一个关联函数，反之亦然。它们之间存在一种函数关系。费希纳把心理过程看成一种波浪，一种周期的运动。地球上生物的运动，都服从每天的周期，这些过程都有阈值。他的这个思想是极其深远的，具有导向性的作用。

格式塔心理学的重要意义在于它们提出的整体系统思维，与实验的科学方法。它包括相似原则、接近原则、连接原则等等。

弗洛伊德开创了无意识的研究领域，并引领了这一学术潮流。对后代的各种思想、流派都有重要影响。

铁钦纳的构造主义心理学，詹姆士、杜威的机能主义心理学，以及华生的行为主义心理学，都给心理学思想史留下了重要的财富。

达尔文的进化理论为所有的生命科学提供了一个理论框架。他把生物进化和种系、心理的发生、发展联系起来，对心理学有重大意义，几乎改变了科学界的思维方式。他认为，人类的心理活动起源于动物的进化，是生物进化的高级产物。

人类大脑的容量增大和双脚直立化是自然选择与适者生存、物竞天择的结果。人类心理能力的发展与大脑神经元的高度网络化，都是协同进化的整体效果。

人类与动物的差别主要在于：意识、语音、思维、数理推理的能力。

达尔文认为，人类与动物的表情具有相同的发生根源。他开创了人类个体心理发生、发展的研究。他影响了许多的心理学的思想与理论。比如，威廉·詹姆斯的机能主义意识流学说，以及后期的华生行为主义心理学等等。可惜的是早一代心理学家们，没有注意到达尔文的进化理论，比如冯特、费希纳等等。这样导致了心理学的理论缺乏自然科学的支撑与先进思维的指引。

只有综合以上各个学派，从人本主义心理学出发，用系统思想、系统方法，抽象、概括、归纳、提升的方式，依靠大数据，重新构建心理学大厦。

这就是系统自组织方法、整体优化的方法、结构功能的方法、差异协同的方法等等，迈向系统心理学，也是系统心理学创立的必然时刻。

同时，基因工程、人工智能与认知神经科学的结合，这将是人类进化的一个重要时刻。

但是作为心理学的主体别忘了，我们还是人的心理学。为了人的健康的心理学，为了获得好心态的心理学，这是最根本，也是最重要的。我们将要研究的是实践智慧心态的心理学。

第二章　中国系统心理学思想

中国古代文化思想的历史演进，大约经历了数千年。由巫史到周制，从三皇五帝到周公制礼作乐，才基本形成雏形。

祖先崇拜（崇拜过去，崇拜周王朝），君巫合一、天人合一的传统是中国文化精神的重要特点，而礼制的特点是宗教、伦理、政治、哲学的合一。

礼制是上通天地鬼神，下开人世秩序，通过礼制把人牢牢地圈在天地神的秩序中。因为礼制是天地宇宙的普遍法则，人人也不能例外，都得严格遵守，否则就会有天灾人祸的降临。

在古巫术活动中的多神论，仍然保持在中国的大小传统中。

巫术中的神明是行走中的"道"。而"天道""地道""人道"的合一，正是中国古代先验主义与实用主义的哲学反映。

中国的心理学思想也是从"天人合一"的宇宙观中，从"阴阳五行""三纲五常"的哲学思想中分化出来的。

轴心时代中国文明的代表主要是孔孟的儒学体系，如果说中国哲学思想的核心是"内圣外王"，那么"内圣"就是"外王"的核心。"内圣"是心灵的修养，通过内心的反省、修身、养性，培养完善的人格，以及调整人的心态。这心态的调整可以说是中国古代心理学思想的内核，即中国哲学思想的核心。中国传统的儒学，就是以内省法为核心的心理学体系，它比冯特的实验内省法早了数千年，只不过没有明确地把心理学从哲学及儒学中分离出去。

比如，出自《礼记·大学》的"八条目"：格物、致知、诚意、正心、修身、齐家、治国、平天下。"格物"就是探究事物的道理，"致知"是求得事物的知识，这是儒学的认知论。"诚意"是指意念要真心、不自欺，"正心"指的是心态要端正，是要排除私念。"修身"指人的内省，"齐家"是指整顿家业，"治国""平天下"是指治理国家。

这个"八条目"是依次进行的，"修身"是中心，指调整心态，学习儒家思想。后面的几个"条目"都是"修身"的扩大与展开深化。"八条目"强调了个人修身与治理国家的内在一致性。把儒家的认知论"格物""致知"和调整心态的"诚意""正心"与"治国""平天下"的政治高度统一起来。

在《礼记·大学》中的"三纲领"，即"明明德""亲民""止于至善"，是修身的主要内容。这样"三纲领""八条目"变成了千古不变的儒学教条，也清楚地展现了中国古代的内省法与心理学的思想。

一、孔子的心理学思想

孔子讲："知者不惑，仁者不忧，勇者不惧。"（《论语·子罕》）

孔子像

这是孔子的人格理论思想。孔子自谦说不具备知、仁、勇三达德，子贡则认为老师"三道尽备"。

关于知识的获得，孔子讲：知有"生而知之"和"学而知之"两个方面的来源，他认为自己是"学而知之"，并提倡学思结合，知之为知之，不知为不知。

孔子强调"学而知之"，他说："不知命，无以为君子也，不知礼，无以立也；不知言，无以知人也。"（《论语·尧曰》）孔子讲，四十而不惑，表明他到了四十岁，才理解了认知（认识论）的真谛。

孔子把人分为：生而知之者、学而知之者、困而学之者、困而不学者，共四类。并指出："学而知之"有三种方法：一是学习古代文化，"好古，敏以求之"。二是向别人学习，"三人行，必有我师焉，择其善者而从之，其不善者而改之"（《论语·述而》），"入

知行合一（蒋威手绘）

太庙，每事问"（《论语·八佾》）。三是在实践中学习，他讲，"吾少也贱，故多能鄙事"（《论语·子罕》）。他推崇"不耻下问"，其弟子曾子提出一百多个问题，如问仁、问礼、问知、问孝、问士、问政等等。孔子强调多闻、多见。他说："多闻阙疑，慎言其余，则寡尤；多见阙殆，慎行其余，则寡悔。"（《论语·为政》）

孔子讲："视其所以，观其所由，察其所安。"（《论语·为政》）提出了视、观、察的次序认识方法论，故孔子提出"视思明"把观察的明自视为"九思之首"。

孔子强调"知人"，要知人必须"听言"又要"观行"，他认为"知者乐水"，"知者动"，"知者乐"，"知者不惑"，"知者不失人"（在"论语"中智与知通用）。

这就是孔子认识客观事物的方法、观点，是不折不扣的认知心理学，是我们传统文化中最早的认知心理学思想，包括知识的来源及认识的方法与性质、知识的效果等等。

在学、知、行的关系上，孔子主张学与行结合、行重于知。他讲，"行有余力，则以学文"（《论语·学而》）。他要求言行一致，"言之必可行"（《论语·子路》）。对人要"听其言而观其行"（《论语·公冶长》）。孔子重于行，因为他把行与崇高目标联系起来，他讲，"直道而行"（《论语·卫灵公》），"行义以达其道"（《论语·季氏》）。孔子反对空话、大话，他认为"巧言乱德"（《论语·卫灵公》）。

孔子提出了一系列心态影响学习的观点：如"立志""好学""乐学""笃学""有恒""虚心"。

孔子讲："内省不疚，夫何忧何惧？"（《论语·颜渊》），如自己反省时于心无愧，那还有什么忧愁与恐惧呢？

孔子的弟子曾参说，"吾日三省吾身，为人谋而不忠乎？与朋友交而不信乎？传不习乎？"（《论语·学而》）深为孔子赞赏。

孔子认为，"其身正，不令而行；其身不正，虽令不从。"（《论语·子路》）在《礼记·大学》里进一步发挥这一思想，提出以修身为本的"三纲领"（明明德、亲民、止于至善）、"八条目"（格物、致知、诚意、正心、修身、齐家、治国、平天下）。

以"三纲领""八条目"为内容的修身、反省、自觉管控自己的言行、情绪，可以说是古代中国人的一大发明，也是儒学的核心思想与方法，更是稳定封建社会最根本的手段。

知识分子通过学习"三纲领""八条目"等内容，用反省自强、自觉管控的方法，达到所谓"内圣外王"的目标。而"吾日三省吾身"，管控自己的身心，经过两千多年的历史证明它确实是一个好的、有效的手段。

调控自己的心态，是儒家的一种修养方法和学习方法。其实每个人、每天、每件事都有心态是否要调整的课题。良好的心态都是每个人所祈求的。心态是正面的还是负面的、是阳光的或是阴暗的，对事业、对工作、对生活都十分重要，甚至有决定性的意义。内省自己的心灵是做好各项工作的必然前提条件，"内省""反己""反求"成为心理学一个最基本的问题，也是实践心理学的一个核心问题。

所以，可以认为这是最早的实践心理学，比俄国巴甫洛夫反射范式心理学，以及美国的行为主义心理学早了上千年。

二、孟子的心理学思想

孟子讲，"居天下之广居，立天下之正位，行天下之大道。得志，与民由之；不得志，独行其道。富贵不能淫，贫贱不能移，威武不能屈，此之谓大丈夫。"（《孟子·滕文公》）

"故天将降大任于斯人也，必先苦其心志，劳其筋骨，饿其体肤，空乏其身，行拂乱其所为，所以动心忍性，曾益其所不能。"（《孟子·告子》）

"生，亦我所欲也；义，亦我所欲也。二者不可得兼，舍生而取义者也。"（《孟子·告子》）

孟子的传世名言，展现了中国人格理论及其精神，鼓舞了成千上万有志气的中国人勇往直前。

孟子讲的道德自觉是最高的独立人格，它可以舍生以求信仰理性的实现，是最高自我实现的价值。比康德的"无上命令"与马斯洛的动机理论早了数千年。

如何达到这个独立的人

孟子像

格，孟子认为："夫志，气之帅也；气，体之充也。……持其志，无暴其气。……我善养吾浩然之气。"（《孟子·公孙丑》）

"是集义所生者，非义袭而取之也"（《孟子·公孙丑》）。即理性（集义）凝聚为意志，使感性行为变成理性实践的主宰力量，而且意志必然是自律的、自由的。"集义"就是理性的升华，使知行合一。这就是康德讲的"意志的自由"，只有意志才能使规律见之于行动，因此意志也是实践理性。实践理性在这种情况下，高于理论理性。

"善良意志"作为道德律令，对于每个人来讲，是无条件的。笔者在《系统美学》一书中就已经谈到，真善美是和谐统一的。人类理性的终极目标就是精神与自然的和谐统一，就是实现世界大美。

孔子"内圣外王"之道的核心应该不是"仁"，而是孟子"浩然之气"的理性意志力量。这样就实现了孔孟儒学与现代心理学思想的沟通。

孟子主张"尚志"，认为"志"是"气之帅"。他提出了性善论和"四端"：指的是恻隐、羞恶、辞让、是非；对应着仁、义、礼、智四种德行。认识过程孟子提出了"耳目之官"与"心之官"两个阶段，主张养心养善于寡欲，提倡"舍生取义"。

孟子主张"慎行""民为贵""得民心""以德服人"。提倡"爱人者，人恒爱之；敬人者，人恒敬之"等等，都是对心理学（知、情、意），三个方面的重要贡献。

三、朱熹的心理学思想

朱熹认为"饮食者，天理也；要求美味，人欲也。"(《朱子语类》卷三）因此，他主张："存天理，灭人欲"(《朱子语类》卷四）。主要是反对不合天理的需求，如追求奢侈的享受。

他认为，如统治者心术不正，天下无法治理。"人主之心正，则天下之事无一不出于正；人主之心不正，则天下之事无一得由于正"(《朱子文集·戊申封事》）。说明统治者心理素质的重要性。

他认为"知行常相须"，"论先后，知为先。论轻重，行为重"(《朱子语类》卷九）。他认为"志"是"心之

朱熹像

所之"，"意是心之所发"。这样意志到行动成了"志—意—行"的连续过程，最重要的一环是"行"。

志—意—行的观点十分重要，尤其是"论轻重，行为重"说明行动实践理性的重要作用。

朱熹认为，"日省其身，有则改之，无则加勉"。(《四书集注·论语》）

四、王守仁的心理学思想

王守仁把"良知""灵明"作为万物的根源，他认为："心外无物"，"心外无理"，"无心则无身，无身则无心"。(《传习录》) 心与身的关系是互相制约的。

只要每个人都"致良知"，遵守"良知"的命令，各个都能成为"圣"。因此，他的弟子讲"满街都是圣人"。

王守仁把朱熹绝对至上的"理"移植到个人的心中，这样容易被人理解、容易被人接受，这是一大发明。

王守仁认为，心即道，道即天，知心则知道，知天则知行合一，知与行都归于心。

王阳明龙场悟道的故事使他彻悟，不怕孤立，要以自己的是非为是非，发现自我意识、自我价值实现了自我。

王阳明的"心"即理，真理、天理、事理，都在我心中。无需外求，正像孟子说的"是非之心，人皆有之"的那种知性。知行合一，知

王阳明像

是行之始，行是知之成。修身就是"致良知"。

朱熹继承了程颐的理学，陆九渊继承了程颢的思想；但是程朱理学与陆九渊的心学都是为了存天地、去人欲。但为什么要存天地、去人欲呢？张载讲：为天地立心（为社会立价值观），为民立命（为人立生命之意），为往圣继绝学（为圣人传承经学），为万世开太平。

因此，陆九渊的"宇宙便是吾心，吾心便是宇宙"（《象山全集》）就可以理解了。

王阳明说"真理就在我心中"，"圣人之道，吾性自足，不假外求"。（《传习录》）但必须事上去练，只有去实践，才能体会到真理。心中有天理，心即理，是在事上练的延伸。我心中无恶意，我内心就强大了。王阳明认为荣辱不惊，不动心才是内心强大。

王阳明认为一个人如果用心诚意，天下就没有难事，因为心外无物，一切事情都是心上的事，看你是否用心，做事无愧于人、无愧于心；这就是存天理、去人欲，真正的炼心、炼性、炼身，验证了天下无难事只怕有心人。他强调了主观立志和意志的力量。

王阳明的认识论，认知心理学思想，以及知行合一的意志及行动的表述，都是儒家思想的扩展与深化，都是对传统儒家"三纲领"（明明德、亲民、止于至善）、"八条目"（格物、致知、诚意、正心、修身、齐家、治国、平天下）的具体化、形象化。阳明心学区别于程朱理学的最大特点在于：简易直达，容易被人接受。但它仍然是属于大传统中的权贵文化，仍然没有摆脱梁启超所讲的：中国文化的特点，即只可意会、不可言传，有笼统、武断、因袭、虚

慎独（蒋威手绘）

伪的特点。

但中国古代心理学思想是极其丰富的，尤其是"三纲领""八条目"为内容的"吾日三省吾身"的传统方式，突出地表现了自觉管控心态的重要性。

我们需要做到把"三纲领""八条目""内三省"转换成符合现代智慧心理学要求的内涵与目标。管控自己的心态，这是当代心理学最基本的核心和最重要的目的。

五、近代潘菽的心理学

潘菽是我国现代心理学的奠基人之一，他早年对心理学的发展寄希望于实验研究，后来，他经过一个时期的实践和对心理学各流派分支实质地进一步研究，认识到照自己的设想未必就能达到所期望的结果。关键在于看问题的观点和方法，只有把看问题的根本观点搞端正了，才能够对心理事实有一个正确的认识，因而才能够从根本上提高心理学的科学性。

针对传统心理学的心身关系问题，潘菽对古今中外关于这个问题的各种主要看法进行了认真的分析，并吸取了我国古代思想家对此问题合乎科学的一些思想，提出并系统地阐述了他关于这个问题的观点。他认为心身问题是一个体用问题，即身体是心理的主体，人脑是心理的主要物质器官，而心理是身体，尤其是人脑的一种机能和作用。对人在自然界中的地位，他改变了以往把有机界分成人界、动物界和植物界旧三界的说法，提出了一种新的三界说，即把整个世界分成无生物界、生物界和人界。

潘菽对传统心理学把心理过程分为"知、情、意"的三分法体系提出了质疑，并提出了二分法观点，即把整个心理活动分为意向活动和认识活动两个主要范畴，以作为他自己的心理学构想的基本框架。虽然这种观点显然把心理学简单化了，但是强调意向活动及其行为还是比较客观的。

潘菽认为实践的观点是心理学首要的观点，这个观点继承了王阳明的观点，并与毛泽东在《实践论》中的观点及西方行为主义心理学理论相近似。

第三章　系统心理学的方法论

综合古今中外心理学的研究得失，本书提出面向未来的心理学研究方法，即系统科学的研究方法，它是系统哲学，也是系统范式。

系统哲学所提供的系统思想、系统方法，是当代最先进、最有活力的一种理论范式。从微观世界到宏观世界再到微观世界，无处不在的系统事物，构成了一切物质世界、精神世界的存在本源与基础，也是事物进化（演化）进程的方式、方法，不存在无系统的世界及其思想体系。

一、事物以系统的存在发展着、演化着

系统概念及其思想几乎成了一种生存方式与生存方法的标志。英国心理学家、生物学家和哲学家摩根讲："整个宇宙不过就是大的系统罢了。"

美国著名系统哲学家拉兹洛也预言：21 世纪的哲学是系统哲

学。我国著名科学家钱学森同志曾在 1986 年 1 月 7 日指出：系统学（系统科学）的建立，实际上是一次科学革命，它的重要性不亚于相对论或量子力学。邦格讲：宇宙不过就是系统的系统。

系统范式的基础就是系统科学（非线性理论、自组织理论、生态学理论）。

这是因为，系统科学从根本上改变了科学视野中的时空观、自然观、价值观、人生观……

系统科学不仅仅是对现有科学的超越，它使自然科学、人文科学、技术科学在更深的层次上融合、统一，真正展现了人类理性的、最新的空间，改变了还原论、原子论、决定论的世界图景。

它凸显了整体的观念、非还原的观念、非决定性的观念、复杂性的观念、不可逆的观念。

首先，系统科学具有强烈的人文科学精神，而人文科学精神是创造力的源泉。

科学是有限的，但科学精神、人文科学的精神却是无限的。

控制论的创始人维纳讲，如果没有自然界遵守规律这样一种信仰，那就不能有任何科学。这就是信仰的力量、知识的力量、智慧的力量、科学精神的力量！也是人文科学精神的力量。

维纳认为，没有思想的自由，就没有科学的繁荣，没有批判与怀疑的精神，也就不可能有科学的进步。

他提出，什么叫学习？学习就是能在过去经验的基础上，改变自己的行为方式，完成反馈的特定目的，一切学习有正反馈的特点。这样，学习成为一种工具性的最根本的力量。他认为，学

维纳像

习能力与自我繁殖能力，是生命系统特征中相互联系的两种基本现象。

其次，以牛顿、爱因斯坦为代表的数理科学，倾向于否定时间的真实性。

他们对时间的方向性，过去与未来的不对称性，觉得只是一种幻觉，整个宇宙成了一个没有演化的世界。

而热力学定律揭示了物理世界的方向性与过程性，给出了一个时间的箭头。

混沌学确立了"开放未来"的概念，认为未来是纯粹"未定"，彻底改变了牛顿的宇宙图景中的未来与过去，及那些已经确定的思想。

"开放未来"的概念真正揭示了时间的本质。在心理学方面将心理意识还原为大脑的生理机能，把生命还原为物理与化学的现象等等，都是传统还原论的遗迹。

二、格式塔心理学的整体系统思想与方法

早期心理学的研究，主要是用机械论与还原论的思维方式。比如行为主义的心理学，只能孤立地研究人类行为对外部刺激的机械反应。

而格式塔心理学则认为，经验与行为都是整体反应的结果，是一体化的结构，强调有机生命系统的思维与行为是不可能分割的。

同样用机械的方法去观察事物的，还有构建主义心理学、机能主义心理学以及弗洛伊德的心理学等等。这种机械论的方法论的不足是显而易见的。

格式塔心理学派认为：

第一，每一种心理过程都是有机体（系统）整体反应的效果，

意识与行为是不可分离的。比如：学习、记忆、情绪、思想与行为都是有机体（系统）有组织应对的整体结果。

第二，心理现象与相应的环境构成了"心理场""生理场""行为场"。"场"是一个限定的域，是一个整体的系统存在。

第三，行为主义心理学以及其他心理学派都忽视了大脑的整体协调功能和组织指挥的作用。行动是局部的，但对反应的协调组织是大脑整体功能的结果。意识与行为都是大脑的整体协调、组织的功能。

因此，心理现象的整体不可能还原成为所组成的要素。每种心理现象与相关环境是不可分割的。

在心理学研究方面，格式塔心理学派的方法（即整体系统的方法）值得提倡，应该深入研究。

格式塔心理学派整体论的方法，后来成为贝塔朗菲的系统论的重要依据。

三、马克思、恩格斯的系统思想

贝塔朗菲宣称，马克思的辩证法是他系统理论的先驱（《自然科学哲学问题》丛刊 1979 年第 2 期）。美国的系统哲学家麦奎因和安尔贝吉在其著述《马克思和现代系统论》中赞誉"马克思是一位早期的系统论者"（《国外社会科学》1979 年第 6 期）。

恩格斯在《自然辩证法》中讲道，"辩证法是关于普遍联系的科学。"（《马克思恩格斯选集》第 3 卷，人民出版社 2012 年版，第 841 页）在总结 19 世纪能量守恒及转化定律、细胞学说以及达尔文进化论的基础上，恩格斯宣布了机械还原论的死亡。他写道："关于自然界所有过程都处在一种系统联系中的认识，推动科学到处从个别部分和整体上去证明这种系统联系。"（《马克思恩格斯

马克思像

选集》第 3 卷，人民出版社
2012 年版，第 412 页）

系统科学的丰富发展充
实了恩格斯这一伟大思想。
尤其是以耗散结构理论、协
同学为代表的"自组织理
论"，为我们认识整体的世
界，提供了强大的系统科学
内容。

第一，我们要理解"时
间之矢"的不可逆性，它是
认识自然界普遍联系及其发
展的前提，也就是"重新发
现时间的历史"。

恩格斯像

在现代科学自然观中，核心是对于时间本质的重新认识。从基
本粒子到无限宇宙，不可逆性起着越来越重要的作用。

第二，理解耗散结构理论，理解耗散结构机理是把握世界普遍
联系的基础。

普利高津的"耗散结构理论"告诉人们，从微观到宏观所有运
动着的事物，都是一个自组织系统。

第三，科学地理解必然性与偶然性、决定论与非决定论的关
系，是把握世界普遍联系的重要条件。

从新的概率观点去理解系统的"环境涨落"与"对称性破缺"

普利高津像

将有重要的意义。

马克思主义的"一个伟大的基本思想，即认为世界不是既成事物的集合体，而是过程的集合体"（《马克思恩格斯选集》第 4 卷，人民出版社 2012 年版，第 250 页），将永远散发出迷人的哲学理性光辉。

马克思主义哲学认为："世界的真正统一性在于它的物质性"（《马克思恩格斯选集》第 3 卷，人民出版社 2012 年版，第 419 页），"这样，我们就能够依靠经验自然科学本身所提供的事实，以近乎系统的形式描绘出一幅自然界联系的清晰的图画"（《马克思恩格斯选集》第 4 卷，人民出版社 2012 年版，第 299—300 页）。

关于质与量、结构与功能的例子，恩格斯引用了拿破仑的一段

相映成趣（蒋威手绘）

话，他写道："两个马木留克兵绝对能打赢三个法国兵；100个法国兵与100个马木留克兵势均力敌；300个法国兵大都能战胜300个马木留克兵；而1000个法国兵则总能打败1500个马木留克兵。"（《马克思恩格斯选集》第3卷，人民出版社2012年版，第507页）

其中的真正原因在于，法国兵纪律严明，在士兵增加的情况下，呈现出整体大于部分之和的整体效应。而马木留克兵正好相反，内耗过大，呈现出整体效益小于部分之和的负效应。

整个自然界和人类社会，都是整体与部分的差异协同，都是一个有机的、运动的、活着的整体。正如马克思、恩格斯前辈们教导我们的："每一个社会中的生产关系都形成一个统一的整体。"（《马克思恩格斯选集》第1卷，人民出版社2012年版，第222页）

恩格斯指出："我们所接触到的整个自然界构成一个体系，即各种物体相联系的总体……这些物体处于某种联系之中，这就包含了这样的意思：它们是相互作用着的，而它们的相互作用就是运动。"（《马克思恩格斯选集》第3卷，人民出版社2012年版，第952页）"当人们按一般的说法对这些数学家讲，一和多是不可分的、相互渗透的两个概念，一寓于多中，同样，多也寓于一中……在这个乍看起来十分简单的单位概念中包含着何等的多样性和多。"（恩格斯：《自然辩证法》，人民出版社2018年版，第194页）

这里，恩格斯明确地提出了一分为多、合多为一的思想。针对简单的两极对立的思维方式，恩格斯指出："所有这些先生们所缺少的东西就是辩证法。他们总是只在这里看到原因，在那里看到结果。他们从来看不到：这是一种空洞的抽象，这种形而上学的两极对立在现实世界只存在于危机中，而整个伟大的发展过程是在相互作用的形式中进行的（虽然相互作用的力量很不相等：其中经济运动是最强有力的、最本原的、最有决定性的），这里没有什么绝对的，一切都是相对的。"（《马克思恩格斯选集》第 4 卷，人民出版社 2012 年版，第 614 页）

列宁指出："每种现象的一切方面（而且历史在不断地揭示出新的方面）相互依存，极其密切而不可分割地联系在一起，这种联系形成统一的、有规律的世界运动过程，——这就是辩证法这一内容更丰富的（与通常的相比）发展学说的若干特征。"（《列宁选集》第 2 卷，人民出版社 2012 年版，第 403 页）

"辩证法要求从相互关系的具体发展中来全面地估计这种关系，而不是东抽一点，西抽一点。"（《列宁选集》第 4 卷，人民出版社 2012 年版，第 416 页）"在（客观的）辩证法中，相对和绝对的差别也是相对的。"（《列宁选集》第 2 卷，人民出版社 2012 年版，第 557 页）

毛泽东指出：必须学好"弹钢琴"，要十个指头都动作，不能有的动，有的不动。"……不能只注意一部分问题而把别的丢掉。凡是有问题的地方都要点一下，这个方法我们一定要学会。"毛泽东还指出："世界上的事情是复杂的，是由各方面的因素决定的。看问题要从各方面去看。"（《毛泽东选集》第四卷，人民出版社 1991 年版，第 1442、1157 页）毛泽东讲，抓全面经济工作，应该像一盘棋一样考虑，全国一盘棋。毛泽东在"工作方法六十一条"中提出抓两头带中间的方法也是对这一思想的贯彻。

根据马克思主义经典著作的论述，我们可以而且应当得出三点结论：

第一，无条件的绝对性是不存在的。过去我们无条件所说的"斗争是绝对的""运动是绝对的""非平衡是绝对的"等等，某种意义是不符合马列原意的。所谓"绝对"，只是在一定条件下、一定意义上讲的。

第二，把事物仅仅看成是"一分为二"的，是两个方面的对立和统一，也是不够的。事物是由"多"构成的系统整体，通俗地表示即一分为多，合多为一。正是这种思想大大发展和丰富了一分为二的观点。用矛盾的观点看问题和用系统的观点看问题，结果是很不一样的，虽然矛盾观也讲联系。

第三，我们过去只研究马列主义的"二点论""矛盾论"，而忽视了马列主义的整体思想。其实，马列主义有极其丰富的、深邃的系统理论。

比如在哲学领域，20世纪60年代以来的结构主义思潮名噪一时，是当代哲学的两个重要走向之一，与当代另一哲学主流——分析主义分庭抗礼。诸如系统、整体、结构、要素、功能、进化、突现等这些系统思想的关键词，已经是人们耳熟能详的一些基本范畴。

在社会学领域，自社会有机论主义者斯宾塞以来，整个20世纪社会学的几乎所有重要成果，都立足这样一个基本观念：社会是一个自组织的复杂系统。

在管理学领域，管理科学学派是数理学派、决策学派和系统学派的统称，是泰勒管理学派的继续和发展，是近年来在西方管理学界形成的。埃尔伍德·斯潘赛·伯法是西方管理科学学派的代表人物之一。这个学派认为，管理就是制定和运用数学模式与程序的系统，就是用数学符号和公式来表示计划、组织、控制、决策等合乎逻辑的程序，求出最优的答案，以达到企业的目标。所以，所谓管理科学就是制订用于管理决策的数学和统计模式的系统，并把这种模式通过电子计算机应用于管理之中。

　　1996年颁布的《美国国家科学教育标准》中写道："从幼儿园到12年级的教育活动，所有学生都应该培养与下述概念和过程相关的理解力和能力：系统、秩序和组织；证据、模型和解释；不变性、变化和测量；演变和平衡；形式和功能。"接着该标准解释道：

圣塔菲研究所

"自然界和人工界是复杂的，它们过于庞大，过于复杂，不可能一下子研究和领会。为了便于调查研究，科学家和学生要学会定义一些小的部分进行研究。研究的单位称作'系统'。系统是相关物体或构成整体的各个部分的有组织的集合。例如生物体、机器、基本粒子、星系、概念、数、运输和教育等都可以构成系统。"由此可见，系统及系统科学已经成为当代最具有综合性的、最有价值的、最重要的基础概念和科学。

在世界范围兴起的复杂性研究热潮中，最引人注目的是 1984年成立的美国圣塔菲研究所（SFI）。他们的雄心是面向生命、经济、组织管理、全球危机处理、军备竞赛、可持续发展等当今世界的所有重大问题，开展规模空前的跨学科研究，建立关于复杂系统的一元化理论，实质也就是系统科学。

四、钱学森教授的系统思想与方法

钱学森在《要从整体上考虑并解决问题》一文中指出："毛泽东思想的核心部分就是从整体上来认识问题。把握住它的要害……而这样一种哲学思想恰恰正是指导我们研究复杂问题所必需的。"事实上只要稍加研究，就会发现系统思想是符合马列主义、毛泽东思想和邓小平观点的，它是马克思主义的一种新形态。

1982 年钱学森提出：实现社会主义现代化，需要一门新的系统工程，我们把它叫作社会系统工程或社会工程，是改造社会、建设社会和管理社会的科学。

合一（蒋威手绘）

1986 年钱学森又指出：我们现在搞改革。对于改革，我们的预见性很有限，所以常说"摸着石头过河"，走一步，看一步。实际上，石头都没有摸，就迈进去了。我们放人造卫星，如果也是走一步，看一步，那早就打飞了，不知飞到哪里去了。没有理论还行啊？……这预见性来自什么？来自科学，这个科学是什么？就是系统科学！系统学的建立，实际上是一次科学革命，它的重要性不亚于相对论，或量子力学。

1995 年，钱学森创造性地提出：面向 21 世纪，三次产业革命（第五次信息产业革命、第六次基因生物工程产业革命、第七次人体科学产业革命），再加上系统科学、系统工程，所引发的组织管理革命，将把中国推向第三次社会革命，出现中国历史上从来未有过的繁荣和强大。

钱学森认为，社会是一个开放的复杂巨系统。研究人的行为、人的品德、人的心理一定要先研究人与社会系统的相互作用，这是根本。

五、系统哲学范式

世界是物质的，物质世界是成系统的。系统心理学的哲学基础就是系统哲学。系统哲学范式主要有五个重要规律及系列范式。

首先看五个重要规律：

第一，自组织涌现律。

自组织涌现规律是宇宙系统最深刻、最具有概括力的一种规律，是宇宙系统的第一规律与核心规律。它涵盖了从胀观到渺观的宇宙系统演化的全过程。比如，宇宙系统的演化、地球系统的形成、生命系统的起源，发生发展。它概括了从无开始的"自组织原理""涌现（实现）原理"。

第二，层次转化律。

它是系统范式的基本规律之一。它有"层次的客观普遍性""层次转化的守恒原理""层次等级的秩序原理""层次中介原理"。

第三，结构功能律。

它有"结构功能的基本原理""系统的耗散结构""结构功能律与质量互变律"。

第四，整体（涌现）优化律。

"系统的整体性原理""系统的优化原理""整体大于部分之和原理""整体优化律与否定之否定规律"。因此，整体优化律是系统哲学的基础规律。

第五，差异协同律。

它包括差异概念的哲学意义，也包括"协同和谐原理""协同放大原理""协同进化原理""协同开放原理"等。

协同的基本内容：一是和谐原理是多样性的统一；二是对称性的和谐。

其次看一系列范式，我们先将还原论、矛盾论与系统论的方法做些简单对比：

第一，还原论分析范式（或分析—累加法）。

①认为所有的事物可以分解、还原成要素，要素可以由其他事物替换，这是一种还原论的观念。

②认为要素之间存在着简单的线性关系，将所有的要素加到一起，便是事物性质的总体。因此，可以割裂开来要素的相互关系，进行研究。

③认为可以把要素的性质与规律加起来，推导出总体的性质与规律，换而言之，解决了各要素的问题，就相当于解决了整体的问题。

④认为要素及要素服从机械因果律和单一决定论，即一个原因必然决定一个结果，系统之间有着一条直线因果链。

⑤认为事物及要素是可逆的，不存在时间之矢，事物不进化，只是循环。

⑥在价值观上，认为要素好，整体一定好。

⑦在经济学上，不承认国民经济是一个有机的系统整体，认为国民经济不是微观就是宏观，否认多元经济的存在和多层次调控的必要性。

⑧在管理学上，不承认多层次管理跨度的存在。

第二，矛盾范式。

①传统的矛盾范式包括阶级分析方法、矛盾分析方法和历史分析方法。

②事物是一分为二，简称"两点论"，"两分法"，"一分为二"，既有优点也有缺点。"两手抓"，但也会出现不均衡的问题。

③事物有主要矛盾，矛盾有主要方面，有"突破口"，只要抓

住了主要矛盾或矛盾的主要方面，其他问题就迎刃而解了，只要能找到"突破口"就能有"以纲带目，纲举目张"的神奇效果。容易导致忽略复杂社会历史环境等因素的问题。

第三，系统范式。

①世界上任何事物都是由内在要素（原素）构成的。系统的整体功能就是 3>1+2，其新系统（整体）的产生，是各要素在孤立时不具有的新性质的涌现。

②要素之间存在着复杂的非线性关系，整体结构具有复杂性。认识整体不仅仅要认识要素，还要认识要素之间的关系（比如现在的中国的产业结构、社会机构）。

③系统是进化的，有产生、发展、消亡的历史过程，这个过程是不可逆转的，在临界点上有多种选择突变的可能性和现象的不可预测性，系统行为轨迹不是绝对的、必然的。

④系统的结构决定系统的功能、行为。如经济结构、产业结构、领导结构（决定宏观效益）；又如汉字"太"与"犬"（结构的序量），"木""林""森"与"火""炎""焱（质量互变）；再如宇宙是三类基本粒子（夸克、轻子、媒介子）和四种基本力构成的序列结构；人是由九十多种元素构成的有机整体；DNA 是四种不同的核苷酸（A、G、C、T）在时空中不同排列，四种不同核酸构成了二十多种氨基酸，这二十多种氨基酸构成了全部的蛋白质，决定了生物的多样性，包括高级动物——人。

⑤系统的演化是多层次、多方向的过程，有涌现的突变性和不确定性。

⑥在价值观上，不单纯要求每个要素都优化，而且要求系统的整体优化。在一定条件下，优化只能是相对的，如飞机、汽车、机器的总体设计的优化要求。

系统哲学的方法概括而言有如下方法：

①系统的综合方法；②系统的自组织方法；③系统的整体方法；④系统的结构方法；⑤系统的协同方法；⑥系统的层次方法；⑦系统的分析方法；⑧系统的工程方法。

实际上，上面三种方法应根据不同的情况、时空条件，互相配合使用效果较好，心理学也不例外。

我们应该建立起一个科学的"工具库"，可以应用透视的方法与大数据的方法。各种方法都有自己的局限性，这一点我们应该清醒地认识到。心理学的方法是否科学，取决它是否用了科学的系统的方法。

第四章　系统心理学的结构与功能

心理学是研究人类的心理现象、心理过程与心理状态和行为的一门科学。心理学的目标是描述、解释、预测和控制行为与心理过程的一门科学。它涉及自然科学与人文科学的诸多领域。心理现象与心理过程主要由四个要素构成：

一、需求要素

需求要素是一切心理学的基础，没有需求与需要，动机、目的也就成了无源之水、无本之木。

人类的需求是人类进化的内在张力，是不断演化的动力机制。一切生物、动物的生存的生理基础。

人类的需求可分为：生存的生理需求与人类特有的社会需求、自我实现需求、价值需求等。也可以分为，物质的需求与精神的需求。用当代的语言也可以表述为，元宇宙与物理宇宙的需求。

这体现了达尔文的物竞天择的思想，体现了生存竞争与本能需求的进化，这是一切生物进化的基础。

人类的需求是动物及其生命体的天然的本能需求和人类特有的高级需求的集合。

一般讲，人类满足本能的基础需求后，才会进一步跃升到高级的需求，但在社会生活中有许许多多的例外，比如众多的英雄人物为了理想、为了信仰，牺牲了自己的生命。

1943 年，马斯洛发表了《动机理论引言》和《人类动机理论》。他提出了以人的需求为基础的心理学。按照马斯洛的理论，人类有一种先天性的需求、本能性的需求，这是初级的需求；初级的需求满足后才能跃升到高级的阶段，也就是高级需求，高级需求是实现潜在的自我。马斯洛把这些需求划分为五个层次：生理

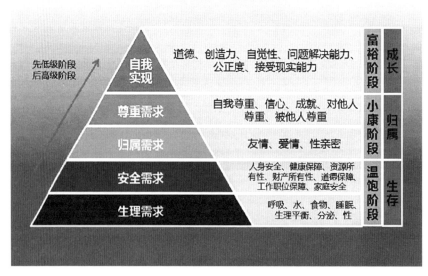

马斯洛需求层次理论

需求、安全需求、归属与爱的需求、尊重的需求以及"自我实现"的需求。

越是初级的需求，越是相似一般动物的需求。越是高级的需求，越是人类特有的需求。

马斯洛认为，初级需求满足后，才能迈进高级的需求。

但马斯洛也不是基本需求万能论者。他认为，不能用基本需求、本能需求解释所有的人类行为。历史上有许多伟大人物，他们往往为了事业、为了信仰、为了理想而牺牲自己的生命。这就是马斯洛的高级需求"自我实现"的内涵。

德国诗人、哲学家尼采讲的"成为你自己"这句话，恰到好处地解释了马斯洛的"自我实现"的高级需求和终极需求是什么。

诺贝尔奖获得者、经济学家罗伯特·蒙代尔也说："我走了我自己的路"。一个人"成为你自己"，成为"你应该成为的人"，这就是人的潜在价值的最终实现。

人越高尚，人越自由。人越自由，人的潜在价值就越深厚，"自我实现"的愿望及"意志力"也就越强烈。

马斯洛认为，除了基本需求之外，过去的经历、外部环境、个人的习惯爱好都会影响人们的行为。

在马斯洛看来，爱因斯坦是最有代表性的"自我实现"的典型。他估计，这种人只占人口的百分之一。他们往往有下列特点：

1. 准确了解现实；

2. 对自己、对他人有极大的宽容心；

3. 他们的行为表现有自发的、天然的规律性；

4. 有独处的需求，喜欢孤独；

5. 独立于周围环境与文化的欣赏和幽默；

6. 用独立的好奇眼光，观察世界，等等。

马斯洛在研究"自我实现"的人才时，发现他们有一些共同的感觉：

1. 无限视野的感觉；

2. 有孤立无助的感觉；

3. 有敬畏、强烈的幸福与狂喜的感觉；

4. 有一种失去时空的感觉。

他把这种感觉称之为"神秘的体验"；而弗洛伊德称为"海洋的感觉"。

比如，倾听音乐、审美艺术、观看体育比赛、取得好成绩、发明创造、充满互动的爱等等，都会获得这种感觉。他认为，这些具有超凡脱俗的"神秘体验"的人有可能成为诗人、音乐家、哲学家等等。

马斯洛在 20 世纪 60 年代后期，提出了更大胆的超个人心理学的思想。他认为，强调"自我实现"可能走向个人主义与自我为中心。因此，要超越现有的人本主义倾向，超越个人心理学阶段。超越个人，以宇宙为中心，而不是以个人需求与兴趣为中心的心理学。

他认识到，人本主义所追求的"自我实现"，并不是人生所达到的最高状态。人应该以个体之外的宇宙为中心。要从小我的实现，上升到大我的实现，达到天人合一的境界。

道法自然（蒋威手绘）

但是他没有进一步说明，是否超越资本主义，跃进到社会主义与共产主义的境界。这当然是一个大胆的、诱惑人的设想。这就是马斯洛的天人合一的心理学，亦称第四种心理学。

马斯洛的需求层次理论不仅仅是一种需求与动机的理论，它还是一种人性论与价值论。它区别于弗洛伊德主义、行为主义和其他学派的人性理论。

马斯洛认为人的本性是好的，除一般需求之外，还有高级的需求与动机，包括社会性的需求与创造发明的需求，这是区别于一般动物的根本。

需求的层次越高，人的社会价值也就越大。而所谓的"自我实现"就是人的潜能，智力、思想与自由创造在人的成长过程中不断实现的过程。

他认为，实现人的全部潜能、实现人的全部价值，才能成为自由的、健康的、无畏的、具有顶峰经验的人。只有这样的人，才能有创造、有发明，成为社会进步的中坚力量。

"自我实现"是一种潜能的需求，是似本能的内驱动力。在成长需求的驱力推动下，个人追求的目的是无限的，这是对人性最美好的一种期盼。

追求金钱与权力、享受与奢侈，最终导致的不一定是健康的结果，而健康的"自我实现"，应该是人文精神的创造与发明。

在需求的基础上形成的各种动机理论，大体上可分为以下几类：

1.物质性的与精神性的；

2. 有意识与无意识；

3. 外在的与内在的；

4. 主导性的与辅助性的；

5. 积极的与消极的；

6. 奋斗性的与享受性的；

7. 生理性的与社会性的。

其中有几种重要的需求动机理论：

第一，本能理论。本能是出现在特定的物种上，称为物种特异性，它们是与生俱有的。通过进化形成 DNA 代代相传。如蜘蛛会结网、蜜蜂会采蜜，以及动物的性行为模式是由进化来决定的。

人类是否有本能，本能又有多少呢？美国心理学家詹姆斯提出：爱、同情、谦虚。也有人提出了，饥饿、性、自我肯定、好奇、好斗等等。

本能论者认为，本能具有能量、行为和目标指向三个成分：个人、民族的性格和意志，是由本能发展而形成的。

弗洛伊德的精神分析理论也是建立在性本能的基础之上，这是人的心理活动的原动力，也就是说，性本能驱动决定人的心理活动。

弗洛伊德认为，人类最基础的本能是生的本能与死的本能。并且弗洛伊德从性欲本能出发，认为人的一切活动都是无意识的本能驱动的，而人的本能最根本的就是性本能。

他认为，无意识是人的精神基础，这个基础的动力是"性力"（Libido）。人的"性力"是人生存的"内动力"，它构成人的原始欲望与动机的源头。

他认为，性欲的压抑是精神病的主要原因。他应用无意识、本能与性的理论，解释各种各样的社会现象，以及人的需求、动机、欲望等，这显然是一种主观的幻想。而且本能论者忽视了人的学习、文化、经验、环境所起的重大作用。

在 19 世纪到 20 世纪，以詹姆士与麦克杜尔为首的本能主义，是心理学的主要潮流。但是在美国加州大学的研究心理学中国学者郭任远博士发表了一系列批判本能主义的文章。在他最有名的实验中，他将小猫、小老鼠、小鸟放在一起喂养。这些小动物长大后，不仅能够相互容忍，甚至表现出一些友爱之情，猫不吃老鼠和鸟。所谓的猫捕鼠和捕鸟的本能都没有表现出来。这个特例表示，动物的本能也不是绝对的，也有一定的环境条件限制，本能并非完全靠遗传继承下来，动物的生长环境也十分重要。

第二，驱力理论。驱力是指人的生理需求所引发的不和谐的状态。它是一种动力结构，可以恢复机体的平衡。

但是这个理论比较狭窄，解释不了许多行为的因果关系，如外在因素引发的行为。后来有学者提出了诱因理论，但也没有得到公认。

第三，强化理论。联结主义认为，一切行为是由刺激（S）—反应（R）组成的，没有中介质和中介变量。

联结主义认为，强化可分为内部强化与外部强化，把人的行为动力归为强化，而且分为正强化与负强化。强化就是有机体操作行为是通过强化而形成的，这个理论过分强调了外部的力量与过于简单化的倾向。

第四，唤醒理论。

这个理论也叫适度兴奋或内在动机论，该理论认为，人们总是被唤醒，并保持生理激活的最好水平，唤醒水平的偏好是决定人们行为的一个因素，但不是全部。

第五，成就动机理论。

该理论是在成就需求的基础上发展起来的。成就动机高的人，喜欢选择难度较大的有风险的开创性工作，喜欢承担责任，在完成任务中获得成就感。

动机强度＝动机水平 × 期望 × 诱因

第六，自我效能理论。这个理论是指个人对自己的行为成就的判断，实际上是自信心的判断。

第七，归因理论。用因果关系的推理方法，从人的行为结果去寻找行为的内在动力，称之为"归因"，也就是现象关系的因果研究，提出了归因三维度：内部归因与外部归因；稳定性归因与不稳定性归因；可控归因与不可控归因。

归因与情感有密切的关系，归因训练已成为一个重要的研究领域。但总的来说，这些理论缺乏科学性与系统性。

在这么多的理论中，基础性理论还是马斯洛的需求理论与弗洛伊德的性本位理论，以及达尔文的进化论和超心理学的爱因斯坦的相对论。这些理论奠定了各类心理学的基础。

尤其是进化论的观点，人类为了适应环境的需要，发展了各种各样的认知技能去解决问题。问题的解决只需要满意即可，不一定要彻底解决复杂的问题，满意的程度取决于人类的能力与所得的信息，这一进化需求的动力，极大地推动了人类的进步。

二、意志要素

1. 意志是什么?

意志是人类特有的心理现象。意志是人对自己活动自觉的、有目的的调节。意志是意识实践的最高形式，意志是人类理性意识的功能与创造性的集中反映。一句话：意志是对预定目的行为调节控制的心理过程。

意志不仅仅是调节控制预定目标行为的心理过程。经过训练还能在一定程度上改变调控个体的植物神经系统，比如血压、心率等等指标。

意志活动表现在意志行为整体过程中，在目标合理与科学行为方法确定后，意志将决定事业的成败。

意志的强弱（高低）、反应速度（快慢）、创新与保守是人的性格与品行的根本和基础。

2. 意志的性质。

意志有理性与非理性（本能的）、智慧与愚蠢的、阳光感性与疯狂暴躁的等等。

3. 意志的品格。

第一，意志有坚韧性与顽强性。遇到困难与挫折，总有应对方式去解决。

第二，意志有乐观的自控性。不管环境有多么怪异、复杂，也能自信，并坦然处置。

第三，意志有强大的创造性。当情绪高昂时、当身处困境时、当激情燃烧时，都可以产生一种巨大的、钢铁般的非凡冲击力。

这正如冯特讲的，人的心理（意识、意志力）是一个创造性的动态力量。马斯洛讲的，"实现自我"的内驱力，即意志力。尼采讲的，是一种寻求强大力量的愿望。

这是人区别于一切动物、植物、生物的一个最根本的精神力量。

用苏格拉底的一句话可以概括：人的理性能动性是支配客观世界的"真正原因"。

第四，意志的唯一性。

应该讲每个人的意志都是独一无二的，每个人的意志都是无可替代的，它是个体性格的基础。

这就是意志在情感与认知中的唯一性、决定性。

第五，意志自由。

人的行为在某些时空条件下，具有一种自主性，以及意识（意志）对行为活动调节的自觉性。这些都说明，意志在一定条件下有它的自由性。

冯特认为："意志自由是以正确认识客观现实为前提的。"意志是自由的，这种自由性表现在它所具有的独特的创造性。

意识与思想升华产生意志，意志在激发状态下就是意志力，意志力可以引发创造性的能量及其成果。创造性就是意志自由的表现。

亚瑟·布鲁门撒尔（Arthur Blumenthal）认为，冯特是最强调意志及意志力在心理学理论中重要地位的学者。

在冯特看来，心理（意识、意志）是一个创造性的、动态的意志力量。通过简单的识别元素或它的静态结构，它（心理）永远不能被理解。确切地讲，必须通过一种对其活动及过程的分析才能理解它。

冯特认为，心理问题主要是意志。意志是心理三要素结构中最重要的一个要素。

同时，冯特没有使用过"构造主义者"一词，相反冯特称他的心理学是"唯意志论"（Voluntarism），即意志主义者，并强调他与铁钦纳的构造主义的不同。

亚瑟·布鲁门撒尔研究结论是：冯特不是还原论者，不是元素主义者，也不是构造主义者，而是一个意志主义者。

根据冯特理论提出的"意志强度的三大定律"，即意志强度对数正比定律；意志强度边际效应定律；意志强度时间衰退定律。

冯特甚至没有把心理学定义为"心理的科学"。他认为，独立于身体之外的"心理"是不存在的，他反对身心二元论。

他认为，心理学经验必须在身心统一的条件下进行研究。

这里很清楚地表现了，冯特对心理现象与意识（意志）动态的创造性，给予十分肯定的高度评价。

我们可以简单地概括：

一是，心理现象是动态的、流动的，有时激昂、有时低沉。

二是，心理现象（意识、意志力）具有动态的巨大创造性。主要表现在平时的"不可能"到身心激动时"成为可能"。这取决于当时的情绪、认识与环境。

三是，冯特称自己的心理学是"唯意志论"，或者意志主义者，说明意志在心理学的重要地位。

事实上，在实际生活中，没有人的意志（意志力），人的所有愿望、需求、本能、冲动、思想、信仰、理想、学习都不可能实现。

这就是冯特的"唯意志论"之"唯"的意义所在。

我认为，冯特不是无条件的唯意志论者，他是有一定条件下的"意志主义者"。所以他不是"唯意志论"者。

他在《心理学概述：情感三度说》一书中讲，形而上学的唯意志论，力图把一切化为原始先验的意志，这种意志是现象世界的本质，是这个世界的本质。相反，心理学的"唯意志论"认为经验的意志过程，连同其他成分情感、感觉、观点等，才是典型的意识过程。在心理学唯意志论看来，意志是一种复杂的现象，由于自身囊括不同类型的心理元素，而具有不凡的意义。

第六，意志自由与意志哲学。

冯特的思想及整体的心理学思维，都受到了19—20世纪哲学与科学思潮的影响，重要的比如：爱因斯坦的相对论（心理、意识、意志、思想、信仰的相对性、时间性、条件性）、达尔文的进化论（事物的演化性、过程性、优化性、事物演化的自组织性）、弗洛伊德的精神分析哲学、量子理论（认为物质与能量同时以多种状态存在，它们既可在这里，又可在那里，这是它的非确定性）等等。

这样偶然性、演变性、多样性，比简单性、必然性、稳定性更为普遍、更为根本，这就是当代系统科学所启示给我们的基本思想。

唯意志论或意志主义夸大感性意志的作用，被认为是非理性主义思潮的第二代。

德国哲学家康德在《实理性批判》一书中指出："意志为自身立法"，即意志自由的公式。这一理论为意志主义者提供了一个起点。

费希特发挥了康德的意志自由。他认为，意志自由是自我创造的世界因果链中的首要环节。意志是首要的存在。他认为：自我凭借意志在创造非我、限制非我，并且最终扬弃非我，回到"绝对自我"。意志的支配作用只是思维能动性的表现。

谢林进一步强调，意志是原始的存在。

叔本华用意志取代康德的"自在之物"，把世界归结为生命意志的客体化。又把生命归结为"无目的冲动与挣扎"。他认为，真正的本体并不是绝对客体的存在，也不是上帝，而是生命意志。叔本华讲："世界是我的表象"。那么内在的本质，就是意志。所以他认为：世界是我的意志。其实，世界当然不是"我"的意志，倒是意志的综合——人类社会与物理环境。人类社会是人本身与意志的综合体。他认为，人是从两方面认识事物的，一方面直观的表象，另一方面是意志。意志是我真正的自我。他认为，一切表象，不管哪一类，一切客体都是现象。唯有意志，是"自在之物"。世界上的一切，都是意志外在的表现。

他把柏拉图的"理念"，康德的"自在之物"，转换成了他的"意志"。他讲，人是可以消逝的，但意志永远向前迈进。人的根本是意志，不是死亡。作为世界的本质的生命是无限的。

总之，叔本华揭示了个体人的非理性本能。从而转变了当时只从感性与理性两方面理解人的传统。这个转变无论是对哲学与心理学都是一个重大的进步。

正如马克思讲的，哲学应该研究"现实的历史的人"，哲学真正的使命是"人的解放"。

对一个整体的人的存在，它既有感性的，也有理性与非理性的本质与现象。

尼采继承了叔本华的生命意志是世界本源的观点，并成为自己理论的出发点。

叔本华的生命意志是一种消极的"挣扎"，尼采的生命意志却是一种积极的创造力量。尼采反对叔本华的悲观主义，而提倡积极的人生态度。

强力意志所倡导的，是

尼采像

向上生长（蒋威手绘）

一种奋发有为的人生态度，积极向上，富有力度的人生意义。它在尼采的理论中处于核心地位。尼采认为："这个世界就是强力意志"。他认为：真善美的评价都是强力意志的产物。

强力意志不是一般的力量，而是一种强大的力量。因强大而有了支配力、影响力。所以也可以译成与理解"求强大力量的意志""强化力量的意志""求强力的愿望"等等。

尼采认为，生命的意义不在于自我保存，而在于力量的增强与扩展。他认为，真正的强者，不求自我保存，而是为了求强大的力量，求强力，这也恰恰体现了生命的意义。

强力意志就是生命意志。求强力是意志的本质，生命是不断自我超越的。

意志就是支配，意志本身就是内在的强力。所以他认为，求强力是意志的本质，也是生命意志的本质。

尼采理论中唯意志论是与非理性主义分不开的。肯定生命与生命意志，是酒神精神的核心，否定生命是基督精神的核心。尼采对传统的理性主义、基督教道德、启蒙主义文化进行了猛烈的抨击。他认为自己"本质上就是一个战士，攻击是我的本能"，提出重估一切价值的口号，批判西方文明的虚伪性。

他认为，生命追求的不是生存竞争，而是"强力竞争"，不是平庸的生存，而是生命力的极度张扬。价值是对生命的肯定。所谓意志，就是生命的冲动，它通过物质中介把自己客观化。

叔本华的理论揭开了用非理性主义来研究人的意志的开端。其标志口号就是："世界是我的意志"。而尼采又把叔本华的"生命意志"转换成了"强力意志"。实际上"强力意志"就是生命力。

叔本华的生命意志是一种消极的"挣扎",是一种悲观主义的价值,尼采的"强力意志"是一种积极的创造力量,提倡积极人生态度,是一种生命力的极度张扬,是一种创造生命意义的意志,是生命不断超越自我的意志。

其实,在中国古代,也有类似的意志的思想,比如:

《墨子·非乐》里谈道:"今之禽兽、麋鹿、蜚鸟、贞虫,因其羽毛,以为衣裘;因其蹄蚤,以为绔屦;因其水草,以为饮食。……今人与此异者也,赖其力者生,不赖其力者不生。"

墨子认为,只有认真劳动,社会与人才能生存。"彼以为强必富,不强必贫;强必饱,不强必饥,故不敢怠倦。"墨子讲的"力"既是生存力。墨子讲的"强"就是生存的意志力。

可见,古今中外,意志、意志力、意志自由的研究,无论对于哲学的认识论还是对于心理学,都有十分重要的意义。

没有意志、意志力,人

墨子像

的生命是如何存在及延续的呢？与一般动物有什么区别呢？

意志力就是生命之力，生存之力！是超越自我的根本自然力量。这也是人类能够超越自我内在的最强大的潜力（能力）与张力。

人类只有超越自我，实现超越的人越多，社会进步也越快！

很明显，生命的意义不在于长久，而在于生命过程中、生命后的意义与作用。

在解放战争中，刘胡兰牺牲时还不满 16 岁，毛泽东给刘胡兰的题词是："生的伟大，死的光荣"。"伟大"与"光荣"是对刘胡兰生命意义的最好诠释，它永远超越了个体生命的本身意义。

显然生命的意义不在"长久"，不在"万岁"，而在生命过程中及生命后的影响力！这个影响力是推动社会前进的最本质的力量，它是一个民族希望的力量，一个民族缺失这样的力量，是没有希望的！

我们研究意志与意志自由、意志哲学，不在于肯定它的一切，更不在否定它的一切。而是弃其糟粕、去伪存真，笃行实践。弘扬科学理性、历练意志、创造成功！

人的意识（理论）凝聚升华成为理想与信仰，理想与信仰又会催生自信，自信就会产生意志（意志力），并唤醒巨大的潜能，从而造就出无法想象的宏大能量，创造人间奇迹。

我们回顾新中国成立 70 多年以来，涌现了一大批史诗般的英雄人物，他们正是激情燃烧时代的佼佼者！他们的意志超越了生命的个体，焕发出巨大的潜能和影响力。

　　有视死如归的战士，有"两弹一星"的元勋，还有在平凡岗位上作出不平凡事业的工人、农民、知识分子、运动员等等。

　　他们是我们这个时代的超人。比如：

　　黄继光，21 岁，在抗美援朝"立国之战"的一次战斗中，他用胸膛堵住了美军地堡正在喷射的枪口壮烈牺牲，使得战友们顺利攻下敌人占领的高地。

　　邱少云，26 岁，在抗美援朝战场上，整个排潜伏在离敌人 60 多米的草丛中，敌人发射侦察燃烧弹，他附近的草丛被点燃，火焰烧着了他的棉裤、棉衣，他身旁不到 1 米就是水沟，为了不暴露潜伏的部队，壮烈牺牲。

　　彭德怀看到邱少云的英雄事迹后讲：中国人钢铁般的意志战胜了美国人。

　　杨根思，在朝鲜长津湖战役中，他和连队打退了美军 8 次进攻，最后剩下他一人时，抱着炸药包冲向敌群壮烈牺牲。他所在的连被命名为杨根思连。

　　王杰，1965 年在执行训练任务时，在炸药包意外爆炸的危急时刻，扑向炸点英勇牺牲，保护了 12 名民兵及干部。毛泽东号召学习王杰同志"一不怕苦，二不怕死"的革命精神。

　　麦贤德，1965 年在"八六"海战中，在护卫艇上作战时头部中弹，目不能视，神志半昏迷的情况下，凭着自身练就的技能，排除舰艇故障，坚持战斗了 3 小时，被誉为"钢铁战士"。

　　冷鹏飞，1969 年 3 月珍宝岛自卫反击战时任营长，指挥战斗中左臂被打断，就用树枝夹绑住胳膊继续战斗。以顽强的毅力指挥部队与敌人战斗 9 小时，顶住了 9 次炮轰，3 次进攻，取得最后胜利。

毛岸英，28 岁，毛泽东的儿子，第二次世界大战中在苏军任中尉。1950 年参加志愿军，任秘书、翻译，后在美军空袭中壮烈牺牲。

王进喜，率领 1205 钻井队以"有条件要上，没有条件创造条件也要上"的精神，和"宁肯少活 20 年，拼命要拿下大油田"的顽强拼搏意志，在大庆油田打出了第一口油井，并创造了年进尺 10 万米的世界钻井纪录。被誉为"铁人"，为中国的石油事业作出重大贡献。其"铁人精神"至今影响着中华儿女。

时传祥，清洁工人，作为一名淘粪工，他以"宁愿一人脏，换来百家净"的崇高精神，在平凡的岗位上作出了不平凡的业绩。为年轻人树立了"工作无贵贱，行业无尊卑"的为人民服务思想。是人生平等、劳动光荣与生命价值的榜样。

雷锋，22 岁，汽车连班长，被评为"节约标兵"，1962 年因公殉职，年仅 22 岁。短暂的一生助人无数，毛泽东题词"向雷锋同志学习"。每年 3 月 5 日为"学雷锋纪念日"。

甘祖昌，身经百战、数次受伤的少将，伤愈后带领全家回家乡当农民，在农村 29 年，艰苦奋斗、兴修水利，为家乡作出了重大贡献。

以上仅仅列举了为新中国建立、建设作出突出贡献的众多英模中的一小部分。他们身上体现出的"意志力"是十分值得心理学研究和关注的。

同时，在抗美援朝"立国之战"之中产生的 30 万英雄模范人物、近 6000 个集体功臣也是"意志力""超人意志"的典型案例。

在上甘岭战役中，美国原计划只要 2 个营的兵力（实际上用了 7 个营的兵力），在 6 天左右时间内，以人员损失不超过 200 人的代价就能轻取上甘岭。而实际上，美国人动用了 3000 多架次飞机，300 火炮，在 3.7 平方公里的面积上发射了 2000 万发炮弹，打造出了 2 米多深的虚土，美韩军伤亡 2 万多，最终也没能占领上甘岭。

在长津湖战役中，美国陆战第一师师长在战役后看到了志愿军在零下 40 度的"冰雕连"时，不禁肃然起敬道："这是有信仰、有荣誉感的部队"。

1951 年 5 月 15 日，时任美国参谋长联席会议主席奥马尔·布雷德利曾讲："我们是在错误的地方、错误的时间、与错误的对手打一场错误的战争"。

美国前总统胡佛更是直言：联合国军在朝鲜被中国打败了，现在世界上没有任何军队足以击退中国人。

北约前部队司令员、英国人法勒·霍克利上将讲：我当了一辈子步兵，同德国人、美国人、苏联人打过仗，但最优秀的还是中国步兵。

1972 年美国总统尼克松访华，在结束访问前提出要求，想见识一下当年打败"美王牌骑兵一师"的中国人民志愿军第 39 军。因为 39 军在抗美援朝中大量歼灭了美军，引起了美国人的震惊和好奇。毛泽东听后说，看来美国人还是不服气呀，让他去。尼克松参观完后说，支撑这支队伍的是强大的信仰。尼克松讲对了，强大

理想信念是前进道路的明灯（蒋威手绘）

的信仰产生了强大的力量，这才是战胜美国军队的关键。

这些英雄群体，用超人的意志构筑了当代中国之魂，成为我们时代的楷模与自我超越的人生灯塔。

他们的业绩惊天地、泣鬼神，是史无前例的豪迈与磅礴，为我们后代留下了永垂不朽的精神思想财富，有力地推动了当代中国社会前进的步伐。

这就是信仰与意志的力量！这就是自信与智慧的力量！这就是中国精神、中国力量的所在！这种精神会激励我们一代又一代超越自我、超越当代，创造新的美好未来。

以往的心理学很少涉及这种精神的探讨，或极少研究意志的力量、信仰的力量。

这种意志力量我们可以分为：智慧意志型的、理性意志型的、感性意志型的、与战争中的超人意志型的，他们达到了意志自由的极限，达到了意志哲学的顶峰！

信仰产生意志，意志创造了现代中国的神话！这在人类历史上是绝无仅有的奇迹！是中国革命建设发展的根本力量，也是中国改革开放的动力之源！

三、认知要素

我们可以想象，夏天在海边，清晨赤脚在沙滩上漫步，你享受到暖暖的阳光与晨曦特有的凉爽，微微的海风伴随着脚下哗哗作响的海浪……有一种说不出的愉悦、兴奋与沉甸甸的激情在心中

海岸沙滩

荡漾。

这一切，温暖、阳光、海风、沙滩与感受都是躯体与心灵的感知形成的。

这个画面把作为主体的我们与作为客体的自然融为一体，客体的自然也敞开胸怀拥抱我们。

从爱好、注意到学习、记忆，从编码储存到信息提取，知识的积累最后升华到创造与成功。

人与自然的互相拥抱，这就是我们的认知。我们的认识论、我们的认知心理学要素，在古希腊时代，称之为哲学心理学。

1879 年，德国哲学家、心理学家冯特把认识论从哲学中分离出来，开创了专业的心理学。

哲学给心理学提供了思想、理论与方法。早期冯特的"意识心理学"，其实就是"意志心理学"。他认为，认知、情感、意志是互相渗透、互相作用、互为前提、共同发展的，意志是一种为达到目的而产生的心理状态。他认为，意志要素比智商、情商、更重要。实际上没有意志要素，其他心理要素实现不了。

冯特认为，心理学是一种创造性的、动态的意志力量，必须通过一种对其活动过程的分析才能理解它。

冯特十分重视统觉，认为统觉展现了心理的意志性、主动性。因此，心理问题主要是意志。感觉与情绪通过一定过程结合起来就是意志。这个过程就是意志过程。他认为，意志是由感觉、感情和意象组成的，感觉的总和就是观念。观念有三种形式：强度、时间和空间。感情也有三种形式：愉快与不愉快、紧张与松弛、兴奋与抑郁。

他认为，心理学的基本规律是因果律。因果律仅指变化先后的法则，不同于物理学的因果律。因果规律的核心是联想律，有混合、同化、复合记忆联想等特征。

冯特认为，心理学主要是意识，可以通过实验方法，然后再找出它们的关系与规律。

冯特在《人类与动物心理学讲义》一书中指出："我们的心理学就是我们内部经验的总和。"就是我们的观念、情感和意志，在意识中结合成一个统一体。

1862 年，冯特在《对感官知觉理论的贡献》一书中就提出了一个粗略的"心理学纲要"，并讨论了感官机能，发展了知觉理论。

他认为，语言文字、社会风俗都应该是我们心理学研究的课题。冯特是想把心理学构造成一个自然科学与人文科学的综合性的基础科学。但很遗憾，冯特的心理学思想，没有被后人理解，也没有被他的学生们继承下来。

詹姆斯认为，冯特的理论缺少一个中心概念。单凭实验内省，很难证明已研究的成果。内省方法严格地讲，只是一种回顾，而且也不是唯一的方法。缺乏中心概念，可能是一个致命的问题。不过冯特的心理学思想有几点是十分清楚的：

第一，意志、感情、认知，即意商、情商、智商，是相互作用的统一体。

第二，如果比较一下三个要素，意志是自控力的主导力量，是调节、控制心态的中心。实践—认识，实践是主要的，它是心理发生、发展的基础。而调控行为，实践的意志就更重要了。

第三，心理学的研究，应该把意志放在重要的位置，在冯特以后很少有人能够理解这一点。

第四，心理学根本规律是因果律，这一点有很大的完善空间。比如，心理状态的自组织性以及心态的流动性、突变性、优化性、创造性、自控性……

总之，对心态的规律及意识、意志的研究应该放在重要的位置。冯特的思想是科学的与重要的，我们不能忘记，更要发扬光大。

但在行为主义心理学统治心理学的时代，认知心理学是被忽视的。

直到 1967 年，美国心理学家奈赛尔（Ulric Neisser）出版了

《认知心理学》，它是标志认知心理学的重要事件，说明认知心理学已经成为心理学的重要学派。从广义上讲，凡是研究人的认识过程的学派，都可以称为认知学派。

但事实上，认知心理学在狭义上称为"信息加工心理学"，就是接受编码、提取、利用知识的过程，其中有感知觉、注意、记忆、思维、语言等等。

奈赛尔像

认知心理学主要是把人看成计算机式的信息加工系统，强调知识结构对认知活动的决定性的作用。它采取的主要方法有："抽象的分析方法""自我观察的方法"，还有"计算机模拟的方法"。

奈赛尔认为，感觉输入的转化、衰减、精加工、贮存、恢复和应用的全过程，这就是认知心理学。因此，每一种心理现象都是认知现象，在《认知与现实》一书中，奈赛尔提出了一个新的知觉理论，即知觉环。他认为知觉是与现实的交汇点。

1982 年，奈赛尔在《观察的记忆》一书中，他想激发记忆的生态学研究。

1988 年，他发表了"五类自我知识"：生态的自我、人际的自我、扩展的自我、私密的自我、概念的自我——也称自我概念。其实还有心理的自我、无意识的自我。把所有的自我加起来，就是一个心理的能量。

1958 年，艾伦·纽厄尔与赫伯特·亚历山大·西蒙发表了《人类问题解决》一文，明确地提出了"信息加工心理学"。1972 年，纽厄尔与西蒙合著的《人类问题解决》一书出版发行，其中提出了"问题空间理论"，他们认为解决问题像迷宫一样，在问题的空间内寻求解决问题的方案。

他们认为，解决问题的要素有三个：

一是对问题具备的知识状态，即已具备的条件；

二是对问题的个人理解；

三是解决问题应用的知识与策略。

1972 年，在《人类问题解决》一书中，纽厄尔和西蒙提出的"认知的物理系统假设"，认为大脑与心灵与计算机一样，都是一种物理符号系统。他们认为，符号（Symbol）是指模式（Pattern）。任何一种模式，只要与其他模式相区别，它就是一种符号。符号有表达式（expression）或者是符号结构（symbol structure）。

一个完善的物理符号有六种功能：输入、输出、存储、复制、建立符号结构、条件性迁移：根据已有符号，继续完成活动过程。

这样纽厄尔和西蒙，根据物理系统假设，用信息加工过程解释人的复杂行为，认为人是一个信息加工系统。认知活动是一个接受、加工、贮存与信息输出的过程。

纽厄尔和西蒙像

1986 年西蒙对其加工系统进行了修正：输入、输出、记忆与控制四个部分，体现了"目标与动机"在整体信息加工过程中的作用。其中控制是主要的，这表达了人的意志（意志力）的重要作用。

我们简单用下图表达信息加工结构：

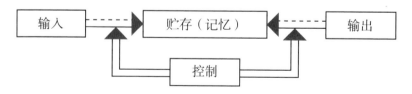

西蒙认为可以根据这个加工系统结构建立记忆模型。

在笔者看来，西蒙把冯特的三元素，以意志为主的认知结构，发挥到了极致。没有意志的调控，输入输出与存储都是不可能的。

自 1972 年以来，西蒙曾多次来中国。1983 年西蒙在北大讲授了"认知心理学"课程。1986 年西蒙用中文名"司马贺"在中国出版了《人类的认知：思维的信息加工理论》（科学出版社 1986 年版）一书，该书后以《认知：人行为背后的思维与智能》再版（中国人民大学出版社 2020 年版）。

1955 年 4 月美国心理学家米勒发表了《神奇的数字 7±2：我们信息加工能力的局限》的著名文章，探讨了关于绝对判断的信道容量。提出绝对判断的广度大约为 7，之后又提出即时记忆广度。

他认为：1. 绝对判断和即时记忆的广度是有一定限度的。2. 重新编码对于人类心理具有重要意义，应当引起人们的注意。3. 信息论的理念及测量方法，提供了解决某些问题的量化方法。4.7 是一个神奇的数字，不仅对判断和即时记忆的广度为 7，而且音阶的个数和基本颜色等也是如此。在地球上和宇宙中的许多数字都与 7 有关。

米勒的这篇文章的中心思想，是人的心理是有限度的。

1960 年米勒与其同事出版了《计划与行为的结构》一书，此书的核心思想是用控制论的反馈观点代替行为主义的 S—R 模式。

在米勒看来，认知心理学即认知要素，他恢复了意识作为心理学的中心地位，这正是冯特提倡的思想。同时用人工智能、计算机、信息论、控制论提升心理学的科学地位，成为了心理学发展的主要方向。

美国科学院院士、心理学家丹尼尔·卡内曼（Daniel Kahneman），把人类在不确定状态下的判断与决策融入经济学，因而与他人一起获得诺贝尔经济学奖。

现在的认知学派心理学，已经与冯特的意识心理学有很大的差别。

前者强调应用现代技术手段去研究人的行为与心态之间的机理。后者认为意识与意志是主要的研究方向，尤其是对意志的偏好。

现代认知要素，主要任务是解释人的行为，而冯特的思想侧重点是在找出心理状态的规律，以及组成心理要素的结构。因此，他提出心理状态的基本规律是心理的因果规律，并认为因果规律的核心是联想律。

这两类研究心理学的方向都是重要的，应该是相互依存、互补的关系。这取决于你想得到什么，是解释人的行为，还是励志从而创造成功？

以现代技术为主的研究手段，如基因工程、人工智能、认知神经科学、脑科学，尤其是信息加工心理学，都是建立在物理符号系统的假设基础之上的。人工智能程序（即人工神经网络）以接近人脑的方式在运转，计算机芯片更接近细胞的功能。

但它们永远是物理符号系统的衍生物，而不是有生命的生理系统的组成部分。只能是接近，无法复制与超越，这是科学与人脑不可逾越的鸿沟。

现在的计算机技术，只是意味着数字的驱动和归纳，而不是理论的驱动和归纳。今后计算机的发展只能是技术再发现，它的运算速度再快、再智能也只是人类工作的辅助工具，不能做人类大脑所做的一切。

符号就是模式，任何一种模式，只要它能与其他模式相区别，它就是一种符号系统。

一个完善的符号系统，就应该有下列六种功能：

1. 输入符号（input）。纸、笔与手的运动可以给纸输入符号。

2. 输出符号（output）。当人们阅读时，文字符号就会从纸上输出进入眼睛与大脑。

3. 存储信号（Storage signal）。

4. 复制符号（copy）。存储在某一个地方，就是复制符号。

5. 建立符号结构（build symbol structure）。找到符号之间的关系，使符号系统中形成符号结构。

6. 条件性迁移（Conditional migration）。依赖已掌握的符号而继续完成的行为。

在记忆中有了符号系统，再加上外界的输入，就可以继续完成这个行为的过程。这就是物理符号系统的输入、存储和输出的三项功能。

无论是现代的大型计算机还是小型计算机，都具有物理符号系统的六项功能。

对于人这样一个有机生命系统，除了单线加工特点，还能应付突发事件以及具备控制、注意的机制。我们既能把原先的东西加以注意，也能把注意即时地转移到新出现的事物上去。注意中断的机制既有关认知心理学，也关系到生理学。实际上注意是意志控制的问题。

在认知要素中，最重要的因子是学习。对于物理符号系统假设与人类生命系统，学习都是不可或缺的。人一生需要学习，计算机也需要学习，继续改进软件。人可以通过各种学习得到信息，然后输入、存储，对符号系统进行新的重组，构成新的符号系统结构。学习过程也是对一系列符号的学习、存储以及提取、应用的过程，利用所得到的信息，进行创造。

学习主要有两种方式：

其一，"样例学习"（learning by example）；

其二，"干中学习"（learning by doing）。

它们的区别是：前一种只给正确的答案；后一种是两种答案都有：正确的和错误的，这样在实践中容易选出正确的答案。相当于宋朝王阳明的"事上练"。与毛泽东讲的"在战争中学习战争"，以及"实践论"讲到的"认识—实践—再认识—再实践……"相一致。

而科学家发现原理的过程也有两种方式：

第一，"理论驱动归纳"。先有理论，根据理论进行预测、验证事实是否符合理论。比如，爱因斯坦的相对论。

第二，"材料驱动归纳"。比如，门捷列夫的元素周期表。

人类的本能就是寻找规律模式，为了更好地生存。量子力学的先导，丹麦的数学与几何老师玻尔（N.bohr）就是对数据的分析，找出它们之间的关系。从中发现一个模式——即玻尔互补原理。在科学史上，这种例子还很多。如开普勒第二定律的发现、欧姆定律的发现等都是这样。

理论驱动归纳，用一定的理论作为指导进行科学研究。比如：对称性、守恒性、整数比率、原子模型、系统性等等。

1923 年，爱德华·托尔曼在《动物和人的目的性行为》一书中提出了潜学习与顿悟学习，他让小白鼠探索迷宫，先让小白鼠受饿，后探索迷宫最直接的通道，而找到食物。托尔曼把这种现象命名为"最小努力原则"（law of least effort）。当然这个小白鼠的学习与顿悟，与高级动物人肯定是不一样的。"最小努力原则"正是物理学上的"最小作用量原理"在托尔曼动物认知心理学中的具体化。

关于学习的理论有很多，有两个主要的学习理论潮流：联结主义的学习理论和认知学派的学习理论等等。

桑代克认为学习是人尝试错误的过程。联结主义的学习理论，注重学习中的刺激与行为的反应。亦可称为"刺激—反应理论"。它可以解释人类一些简单的学习行为。联结主义的学习模型比较单一，不能说明人的复杂行为。

认知学派的理论，它强调学习发生的内在机制，即刺激—反应的中介过程。

格式塔心理学认为，学习是一个整体的过程，是一个系统的过程。

20 世纪 50 年代开启了人本主义的心理学研究，人本主义心理学强调人的价值与尊严，反对性本位的弗洛伊德主义与行为主义的心理学简单化、机械化的倾向。

通过对动物，如小白鼠、小猫、小狗的研究，去推断人类的心理学，已经使人们感到十分厌倦与反感。这不是人的心理学，而是动物的心理学、小白鼠的心理学，可是动物有心理状态吗？

人本主义心理学开启以人为本的心理学研究，史称为"第三势力"。他们认为，学习是通过一系列的认知活动，导致认知变化的过程。

认知学派学习理论也认为，学习过程就是认知结构不断变化的过程，趋向结构优化、简单高效的过程。

而冯特很早就指出，意志、感情、认知是一体的，互相依存、互相影响构成心态结构的成分。如果认知的结构发生了变化，那么意志、感情也会引起相应的变化。这是心理学到现在为止没有探讨过的一个空间。

从学习的本质上讲，它是人类适应环境需求的进化结果，是满足生存需求的必然选择。

这个需求可分为：先天的基本需求；环境与文化的自我需求（能力、归属、自我实现）；意识、信仰、意志的需求。最重要的还是以信仰、意志为主的需求。它区别人类与动物的根本，决定了人生的成功与否。

学习不仅是生存的需要，还能超越生存的需求，上升到信仰意志的需求。这种学习才能推动社会与人类的进步。

关于学习的理论很多，但都有自己的不足与缺陷。因此科学地区分它们、认识它们也是十分重要的课题。学习的根本方法还是历史的学习与样例的学习。学习的爱好与意志及成果，是由人的性格决定的。学习是一种超越生存的需求，也是满足信仰意志需求的一种高级工具。

四、情绪要素

情绪与情感是人心态的一种外在的表现。情绪与情感的多样性、复杂性、突变性表现了人的内心世界，人心态的自组织性、优化性、动力性。情绪与情感表现了内心状态结构的外在功能，是一种心路过程，是脑神经系统信息流活动的结果，是电化学的传递过程。情绪与情感都是意识流的一种表征。

情绪与情感的产生是人类认知、欲望、需求、生理意向行为对环境刺激的反应，是环境因素、生理因素、认知因素的整体系统结构的功能。正像冯特讲的，人的心理是意志、认知、情感的统一体。

情绪与情感的产生主要分三大类：

一类是天生的需求、本能的需求、基础的需求和生理的需求。

二类是认知的需求（认知的要素）。有自我实现的高级需求，信仰追求的精神需求，工作事业中的短期、长期需求。

三类是外部环境的刺激要素，外部环境进化的需求。

以上这些需求，基本需求、高级需求、精神需求都要通过历练意志才能达到，因此历练意志才是最主要的。

以上三类还可以进一步归结为一点，即人与环境进化的需求，人类为了生存适应环境进化的需求。

第一，情绪与情感的维度理论。

19 世纪末，冯特首先提出的情感三度说（三维理论）。他认为：情绪由三类维度构成，即愉快—不愉快，激动—平静，紧张—松弛。

这种"三分法"比较简单化，无法解释情绪的多级化现象与情绪的复杂性。

此后不久，美国心理学家施洛伯格提出了情绪有愉快与不愉快、注意与拒绝、激活与睡眠的三个维度。这很相似于冯特的看法，同时存在不足。

美国心理学家伊扎德提出了四个维度的理论，进一步扩展了情绪的内容。

美国心理学家詹姆斯与丹麦生理学家兰格分别提出了内容相同的情绪理论，他们看到了人的机体变化与情绪的关系。

詹姆斯认为，先有机体的生理变化然后才有情绪。比如，悲伤由哭泣而起，愤怒由打斗而致，恐惧由战栗而来，高兴由发笑而致。

兰格也认为，情绪是内脏变化的结果，强调了植物神经的作用。

实际上，情绪与电化学的植物神经作用是同步的，是互相作用、互为因果的。很清楚，情绪是生理、行为、认知的综合作用下的反映。维度理论把事实简单化了。

第二，情绪的认知理论。

20 世纪 60 年代，美国心理学家沙赫特和辛格提出了情绪的认知理论。通过实验证明，情绪是认知过程、生理状态和环境因素共同决定的。

但是这一理论有两个因素是不可缺少的：一是有高度的心理唤醒。如心率加快、手出汗、胃收缩、呼吸急促等等；二是必须有对外界刺激所引发的认知唤醒。在此基础上，他们又提出了情绪唤醒的模型。

美国心理学家理查德·拉扎勒斯的认知评价理论，实际上是发展了美国心理学家阿诺德在 20 世纪 50 年代提出了的情绪评定—兴奋理论。

评价是指对个人情绪与行为反映的有效性与适宜性的评价，是一种反馈的控制系统，也正是我们提到的意志和意向行为的调控过程，有意志的人可决定情绪，没有意志的人往往是被情绪所决定的。

第三，动机—分化的认知理论。

美国心理学家伊扎德提出情绪—认知—运动反应模型。他认为情绪是人格系统的核心动力。实际上是人的性格决定人的特定情绪，尤其是性格的意向行为。

此外，还有很多关于情绪要素的理论。如美国心理学家汤姆金斯的动机理论，认为情绪是天生的、本能的。它是激情唤醒及放大内驱力使之成为行为动力。

美国心理学家华生的行为理论，他认为情绪是一种遗传的"反应模式"。

哈洛与斯塔格纳认为，人存在着先天本能基本感情，通过学习形成了各种情绪。

1967 年，美国人普里布拉姆提出了信息加工的观点，研究信息的本能。认为情绪是正常过程的一种破坏与中断。

阿诺德提出了"情绪的评定—兴奋"学说。

利铂提出了"情绪的动机理论"，认为情绪是一种动机和知觉作用的力量。

西米诺夫提出了"认知—信息理论"。

以上这些理论各有特色、各有所长，也各有不足。总之有一点是十分清楚的，情绪、情感是由外部环境、认知要素、生理要素，特别是意志导向行为构成的。简而言之，它可以由外部要素、内部要素、认知要素构成，是三个要素互相作用、互相影响的统一体。

外部要素，即环境要素，包括各种刺激，如天灾（地震、狂风暴雨等等）、人祸（战争、相互争斗）等。

内部要素，即生理要素，包括机体内部的绝望，基本需求、疾病等。

认知要素：高级的自我实现的需求、信仰（目的）、意志的追求、精神需求等。

1995 年，美国作家戈尔曼的著作《EQ》震动了美国的商业界、教育界，人们开始认识到 IQ（智商）并非唯一的成功之路，EQ（情商）也非常重要，甚至更重要。

1997 年，美国心理学家梅耶和萨洛维提出了情绪智力的四个维度：对情绪的知觉、评价和表达的能力；用情绪促进思维的能力；理解和分析情绪的能力；调节情绪以促进情绪与发展的能力。

其中第四条实际上是意志调节智商和情商的能力。

基本需求（蒋威手绘）

正如冯特所言:"因为意志控制着情感,情感又控制着认知。"

冯特认为:"人的心理是知、性、意的统一体。三者相互促进、相互影响、相互渗透。意识以认识为基础,随着认识的发展而发展。"这就是传统的心理学三要素。

当然在这里他们缺少了一个更基本的要素,就是需求要素。在许多情况下,基本需求更影响、更决定人的情绪。

第五章　心理现象的性质与规律

一、心理现象就是心理结构与功能的外在表征

根据上一章的分析，我们可以知道，心理现象是由需求要素、意志要素、认知要素、情绪要素四个要素互相影响、相互作用而形成的结构，是一个系统整体。

这个系统整体是心理学的核心，是心理学的根本。因此，研究心理学就是研究构成心理学状态的四个要素的结构与功能，以及它的规律。脱离这些的研究，就是脱离了心理学。

按照冯特的定义，心理就是观念、情感、意志，在意识中结合成一个统一体。但这个定义中，缺失一个根基的要素——需求要素。

冯特认为，心理的基本规律是因果律，但是它不同于物理学上的因果律。物理上的因果律，原因必须先于结果。这种因果律、因果关系不能倒置，而且在物理世界发生因果律，他们之间相互发生

作用，具有实体的性质。而心理的因果律不存在实质性的关系，只存在心理活动。其实，心理活动也是物质在运动。

另外，物理上的"因果律"，原因的力量等于结果的力量，两者相互关系是能量上的相互转移。而心理的因果律只是变化的规则，而非固定的实质。

冯特进一步认为，因果律的核心是联想律，联想正是心理要素之间联合的基本原则。其中包括：混合、同化、复合，记忆联想等。冯特还提出了心理关系律、心理对比律。心理关系律是指一个要素的意义，被另一个要素所定义。如韦伯—费希纳定律。

冯特认为，每一个心理要素都有个属性：质量与强度。

实际上还有：时空条件性、结构与功能、整体优化、差异协同与自组织相似性等等。

但冯特的因果律也有很大的不足，它偏向于生理的、本能的需求、天生的需求，如动物世界的小白鼠、小猫、小狗的需求。显然他没有把需求要素放在心理要素的结构中。他的因果律，有因必有果，有果必归因，没有人文科学的普遍意义。这种三要素的心理因果律太过简单化了。

冯特在《认知心理学》中写道：人的心理是"知""情""意"的统一体，三者相互促进，互相影响，相互渗透。意志以认识为基础，随着认识的发展而发展，人只有认识主体和客体的区别与关系，才能有意识地根据客观规律确立行动的目的，达到意志活动。

冯特讲，意志自由是以正确认识客观现实为前提的。情感往往比认知重要，它决定一个人的事业及人际关系的成败。但是意志是比情感更重要的存在。由此，冯特指出：意志在心理构成三要素中具有的重要地位。虽然他没有明确提出意志为人的心理第一要素，但即便如此，他还是被称为意志主义者。

他指出：各个要素一经混合，便失去其独立性。有一个要素统驾于其他要素，指使其余要素，其他处于被驱使的地位。

三要素的融合（或者四个要素的融合），意志就成为第一要素。我们可以称它为意志导向效应或意志导向律。

意志成为主导要素、支配要素，因为没有意志要素，其他要素无法实践。但同时意志导向要素受到其他要素的影响，一个意志要素的背后，总有其他要素的影子。

多个要素融合后，相互作用就会产生一个整体的系统效应，即1+2>3 的效应。意志就会主导其他几个要素，称为意志导向效应，或意志导向规律。

二、心理的第一规律——意志导向律

笔者在《系统哲学》《系统哲学之数学原理》两本书中提出并用数学模式证明了从自然界到人类的客观世界，任何事物都是由多种要素构成的结构和系统整体。它们有以下几个特点：

一是系统整体的有机性，差异协调放大与和谐性。

二是系统整体的优化性与普遍性。

三是系统整体大于部分之和的倍数效应等等。

人的心理、心态是物理世界，也是精神世界（因为思维是思

夹缝中的风景（蒋威手绘）

想、意识都是通过脑神经的电化学而传递信息的）。脑神经是物质的，也是思想、思维、精神的发源地。它们也有一个系统整体优化过程，脑神经系统的优化与心态优化是联系在一起的。

心理（心态）的系统整体优化，就是心理结构四要素的优化，优化的表征就是意志导向要素的产生与意志导向力的提高，意志导向力的强弱也就是意志力（决策力、执行力、调控力）优化与它的倍增。

心态优化的结果产生了超人的意志，超人的能量，它将决定事业的成败。

心态的整体优化，会产生与加强意志统领、意志导向作用力。整体优化越好，意志的导向作用也就越强；意志导向作用越强，心态优化也就更和谐、更强大。

四要素的结构与功能，在时空等各方面都是不同的，各有特色，差异协同的和谐就是整体优化。整体大于部分之和的效应，即1+2>3 的效应。

1. 需求要素。

基础需求方面：这是生物体的底色，是生物体生存的根本，是本能的基本需求，是本能行为与基本手段。

高级需求方面：这是人类进化中的根本条件，追求自我实现与自我超越，是理性思维的意志行为，从小我的实现到大我的实现，达到天人合一的境界。

从自我为中心的小我心态逐步转变到以社会、以自然为中心的大我，成为高级优化的心态，即超人的心态。这是心态优化的终极目标。

2. 认知要素。这是人类在进化过程中，为了更好地生存、更好地适应自然环境的变化而具有的学习能力，认识社会、自然的能力。

3. 情绪与情感。这是人类心态的催化剂、加强剂。具有突发性、爆发性与创造性等特点。

4. 意志是人类实践的最有力的工具，没有意志、意志力，人类无法生存与进化，是人类生存进化中最本质的力量。

四要素分工协调，在总体上、整体上相互作用，相互影响，形成一个有机体——心态。从而形成一个高级的构成——人类的心态。

心态系统整体优化的结果，就是自组织意志导向效应的形成，自组织形成的意志导向律，就是心态优化的直接表征，是心态优化最大的特殊动力。

意志导向律主要包括：决策能力、执行能力、意志监控能力和意志力的提高；以及意志力的韧度、意志力的恒定、意志力的反应速度。这种意志导向律的品格决定人的性格，也决定人的命运。

正如恩格斯讲到的：历史的发展表现为一个总的合力的自然过程。许多人协作、许多力量融合为一个总的力量。用马克思的话来说，就产生一个"新力量"，这种力量和它的单个力量的总和有本质的差别。

心态的整体优化是心理现象的本质，是心理最高阶段的存在，也是最美心态与和谐的表征。

人的成长过程就是心态逐步优化的过程与心态和谐的过程。人类心态逐步整体优化、整体和谐，正是自然界进化中产生的一朵最美的灵魂之花。它是人类社会进步最重要的也是唯一的内驱力。系统整体优化和谐所引发的综合的整体力量，远远超过 1+2=3 的算术合力。它是一种神奇的力量！不可征服的力量！

这也是罗杰斯人格理论中，常常提到的他的地下室土豆发芽求生存的现象，他

霍妮像

看到后很惊讶。发芽的土豆，苍白的芽子，这些病弱的芽子，尽可能地伸向窗户，去追逐阳光发亮的方向生长，生物求生存的力量是多么伟大呀！

因此，沙利文提出：有机体、人类生存的基本方向是向前的，不可能倒退。

德裔美国心理学家和精神病学家卡伦·霍妮（Karen Danielsen Horney，1885—1952）博士，提出：最终的驱动力是个体不屈不挠地把握自己的意志，成长与抛弃一切无关的，阻碍成长的因素及

愿望。

这话是如此地深刻！

生命是一种发生在机体内和环境事件中的自发的动力事件。生命过程不仅是倾向于保存生命，而且也倾向于超越机体的现状。超越自我、自我超越是一种意志力量，也是生存演化的力量。这都是有机体生命力的指向，优化的结果。

生命力就是优化与和谐的结果。优化是生命力必然的选择。求生存、求强大、求完美的生命力必然要选择一条高效节能的路径达到自己的目的。

恩格斯讲：推动历史前进的是合力。他认为，历史是这样创造的，最终的结果总是从许多单个的意志的相互冲突中产生出来的，而其中每一个意志，又是由于许多特殊的生活条件，才成为它所成为的那样。这样就有无数互相交错的力量，有无数个力的平行四边形，由此产生出一个合力，即历史结果，而这个结果又可以看作是一个作为整体的、不自觉地和不自主地起着作用的力量的产物。……各个人的意志……融合为一个总的平均数，一个总的合力。

可见这个意志"合力"的伟大与超强，它推动着历史的前进，可又使人类感受不到，并自觉地起着推动历史前进的作用。

而我们人类的心态正是这种意志力、意志导向力，引导着人们及社会的前进！它是真正的匿名英雄！

这种意志导向的内在的驱动力、推力，它的大小、快慢、持久性取决于心态优化的程度。

三、心理的第二规律——相似性

1967 年英国数学家诺埃特·芒德勃罗（B.B.Mandelbrot）发表文章回答了一个极其简单而又有趣的问题："英国海岸线有多长？"

芒德勃罗回答不仅是令人惊奇，而且创造了一门新的几何学。他认为，英国的海岸线是不确定的。精确地讲，它有无限的长度，因为它的长度是随着测量大量的变化而变化，当观察的尺度越小，纳入计算的曲折线就越多越长。当测量长度趋向零时，它会变得无限大，反之亦然。

在他看来，大自然处在不规则的状态中。山脉、河流、云彩、社会上的股票、物价等等，各不相同。但植物相似地生长、动物相

分形图像

似地传宗接代。它们都以分形相似的状态进化着，它们彼此都很相似。但世界上我们找不到完全相同的事物。莱布尼茨讲：世界上不存在两片完全相同的树叶。

自相似性（分形）正是显示了从小尺度到大尺度的多样性与统一性的奇妙的结合。小到原子，大到宇宙、大自然，都是分形（相似）原则创造世界的。因此相似性、不规则性才是大自然无限创造性的表现，并且以分形（相似）的方式不断进化、发展着。

自相似是指每一个局部的形态与整体的形态相似分形。分形（相似）理论有下列特点：

1. 有一种非线性变换下的不变性，即无论测量单位如何变化，无规则程度与复杂性不变。

2. 无标度性（或标度不变性）。分形不存在特定的长度。

3. 分形具有无穷嵌套的几何结构。比如树木、洋葱、菜花等等都是典型的分形。

4. 有相似性即分形不变性，分形具有跨越尺度的对称性。

5. 可用简单的方法生成。

相似性与分形在代数上，可用递归函数描述：

F（xn+1）=f（xn）

计算的结果不断代回方程本身，影响下一次计算结果，这不仅反映了系统的反馈，而且反映了同样的计算规律的不断重复。表现了系统层次的分形相似与生成的潜能。

因此，分形是一种具有普遍意义的规则，有自然分形、时间分形、社会分形、思维分形等等。

现代物理世界证明，四种基本作用力由交换同一的相似的粒子产生：引力交换引力子；电磁力交换光子；弱作用力交换 W±，Zo 粒子＝（W+，W-，Zo）粒子；强作用力交换胶子（8 种）。

由于"力"的这种相似性，以及"力"所作用的对象基本粒子和物体也是相似的，这样就形成了物体在层次的相似中转换，以及进化与运动。

在生物学中，DNA 与 RNA 在遗传过程中存在着相似的分形结构，也导致了生物演化过程中分形演化的规律与状态。

1687 年，牛顿在《自然哲学之数学原理》中讲："自然是和谐与自相似的。"自然和谐与自相似是宇宙的基本法则。"相似与分形"是自然进化的法则。莱布尼茨讲，自然界都是相似的。培根讲：类似联想支配发明。门捷列夫周期表是宏观的相似与微观结构的关系。张光鉴等人在《相似论》中提出"相似的三大定律"：相似的运动律、相似的联系率、相似的创造率。

笔者认为根本的一条是"演化的相似性"。从奇点的演化开始，都是相似的进化、相似的发展、相似的变化。

培根认为，生物遗传的变异，必须遵循变化最小原则，即保持一种相似性的物种，也能在环境中保持其稳定性。相似性与稳定性使其进化的成本（节能）达到最低。这就是为什么自然选择了稳定与相似两原则的协同进化。

这就是笔者在《系统美学》中讲到的自然的事物总是最美的、最节能的、最和谐的、最系统优化的原因。

在心理学中，相似性也是一个普遍现象。柏拉图的联想记忆法认为，回忆可以由相似的东西所引起。后来人们认为，这是接近律与相似律的最初描绘。英国心理学家 M. 艾森克曾经说：柏拉图也提到，接近性和相似性是决定思维模式的重要因素。但直到亚里士多德才发展了这个观点。亚里士多德认为，联想有助于记忆，在情绪愉快时有利于记忆。英国的大卫·休谟认为，简单观念在心灵中结合形成复杂观念，遵循三条联想定律或原则：相似、时间或空间上的接近和因果关系。

英国医生、经验主义哲学心理学家大卫·哈特莱（David Hartley）英国也认为，联想是所有观念、观点，和情感的基础。

格式塔心理学家认为，知觉原则不仅可以解释我们的视知觉，而且还可以解释听知觉、触知觉以及像记忆这样的高级心理过程。

所以格式塔的知觉原则是相似原则、接近原则和闭合与完好格式塔（即整体原则）。也就是格式塔的"相似结合律"。

此外，行为主义的"条件反射"和"模仿论"，皮亚杰的"同化""顺应"，这样相似性的原则贯彻了整体的心理学史。

我们人类的心理（心态）是由动物进化而来，我们成年人的心理（心态）也是由孩童成熟起来。大自然无处不在地创造着分形相似，无规则性成为创造的源泉。

人类来源于动物界，这一事实已经决定人永远不能摆脱兽性，所有的问题只能是摆脱得多一些，或少一点。在于人性与兽性程度上的差别。这一点十分重要，说明人的心态与动物的心理（心态）有相似性。这也说明研究人的心态，为什么从动物开始。研究成年人的心态，为什么关注小孩的成长。

相似性原则、相似性思想是心理学的普遍原则，对于研究人的心理（心态）有重要的指导作用。对于人与人的交流及医治心理疾病，都是不可缺少的一种思想与方法和手段。

四、心理的第三规律——蝴蝶效应

人的心理是一种高度的流动意识，它的特点是：

1. 心理是私有的个性化的，但有时会受到社会意识的影响。

2. 心理是流动不断变化的，是一种流动性的意识流，有时有阶段性。

3. 心理是有选择性的，表现在本能动作与意识行为和意识导向行为中。

4. 心理有突变性、蝴蝶效应、周期性、创造性。

威尔伯在 1973 年提出的意识谱理论，认为人们对"我是谁?"这个问题的回答各异，这样可以区别开来个体认识范围的不同，把意识（心态）分为：心灵层、存在层、自我层、阴影层四个方面。

最高层的心灵层是个体意识与宇宙的终极实在的认同，两者达到一体化。我是宇宙、宇宙是我，不存在我与非我的界限。

这一点则像毛泽东在 1917 年《心之力》一文中讲道：宇宙即我心，我心即宇宙。宇宙与我（存在）具有统一性。这正是中国人讲的"天人合一"的境界。

在相对论、量子力学问世以来，许多人开始认识到，最有影响力的科学，其实是"混沌学"。

20世纪彭加勒就指出，混沌或潜在混沌是非线性科学的本质。他预见到了混沌运动的一个重要特征："极其微小的差异可能会被放大，从而导致一个简单系统可以爆发出惊人的复杂性。"这就是后来所说的"蝴蝶效应"。

气象学家洛伦兹发现，非线性系统对初始条件高度敏感，他把这个现象称之为"蝴蝶效应"。"蝴蝶效应"是一种混沌现象，说明了任何事物发展均存在定数与变数，事物在发展过程中其发展轨迹有规律可循，同时也存在不可测的"变数"，这恰恰证明了事物发展的复杂性。

很多学者研究混沌现象，认为其有下列特点：

洛伦兹认为，混沌是"确定性的非周期流"；福特认为，混沌是"确定论的随机"；哈肯认为，"混沌性来源于决定性方程的无规运动"，等等。

简单地讲，混沌就是无序中的有序和有序中的无序。它意味着科学方法论中还原论的终结。

混沌可分为下列两种：

洛伦兹像

耗散系统的混沌和保守系统的混沌。

产生混沌有两个必要条件：非线系统的特有的现象；不可积系统的典型行为。

以前科学研究的都是线性可积系统，但混沌学证明，在力学系统中普遍存在的是不可积系统。在系统演化过程中，是连续的失稳导致了混沌。混沌的存在意味着失稳点与临界点比比皆是。混沌区从小到大，仍具有跨尺度的无穷嵌套的自相似结构，表明倍周期也是一种分形。

混沌运动的轨道在相空间的某个区域内经无穷次折叠，形成了分形的结构——奇怪吸引子，奇怪吸引子这种分形特征具有深刻的意义。在生成演化过程中，奇怪吸引力集有序与无序于一身。奇怪吸引子具有无穷嵌套的自相似的结构，奇怪吸引子也是一种分形。

初期的随机条件经过奇怪吸引子逐渐放大，正像"蝴蝶效应"一样，把小小的不确定放大到大标度的不确定性即气候模型或天气模型。奇怪吸引子集有序与无序于一身，正是它导致了不可预测性。奇怪吸引子是非平衡、非线性系统演化的一种归宿，代表系统的混沌运动，也称"随机吸引子"或"混沌吸引子"，它对初始条件高度敏感，因而具有"蝴蝶效应"。它是非线性正反馈效应的结果，涨落放大为巨涨落。系统在到达混沌区以后，被限制在奇怪吸引子内。

如何判断混沌现象的基本特征并作出界定：首先是初始条件的高度敏感，其次是整体稳定与局部不稳，再次是非周期性与周期的混合，复次是源于确定性的内在随机性，最后是短期行为可预测、长期行为不可预测。

这些特点与人类心态的性质与特征也是符合的，是心态内在的随机性与外在的确定性的表述。由此可见，在生物学（人类学）演化过程中，顶峰就是意识。意识是心态四要素的集合体。心理（心态）是意识的外在表现；意识是心理（心态）的内在基石；人的心理（心态）长期是不可预测的。正像牛顿所讲的，我能够计算天体的运行，却无法计算人们的疯狂。

一个微小的初始条件，如一顿可口的饭菜、一瓶美酒、一场约会、一个美貌的异性、一句开玩笑的话等等，都可以引起巨大的后果。

混沌现象恰恰是人的心态一种最真切的表述。人的心态是不可预测的；长期不可预测，短期也难；与生理周期有一定关系。

费希纳说，心理过程是一种波浪，是一种周期运动，它可以与宇宙、地球上的生物联系起来。周期都有临界点与阈值；我们常说的乐极生悲，就是这个道理。

费希纳认为，所有的心理品质，如快乐、痛苦，都能用"心理物理运动"以及相关的能量参数表现出来。每一种运动都有自己的周期、自己的节奏。比如：人的体力23天为一周期、人的情绪28天为一周期、人的智力33天为一周期、皮肤细胞的生命为23天等等。所以，人的心理（心态）正是四个要素（需求、认知、情绪、意志）的差异均衡和谐。

混沌现象和混沌理论恰恰表述与说明了人的心理（心态）的内在结构与外在功能的深层原因。

第六章　系统心态优化的数理基础

一、心态的演化与协调

心态优化与和谐是一个长期进化的过程，也是一个不断地战胜与超越自我的演化过程。

在科学与物理界我们可以举出许多例子：如经济学中的乘数原理、管理学中的倍数原理、力学中的加速原理，等等。在哲学上，如黑格尔的"正、反、合"、亚里士多德的"整体大于部分之和"。在宇宙中，银河系以太阳为中心的九大行星的运动的整体布局与形成，都是天体优化产生的一种稳定、和谐的力量。地球上七大洲四大洋的整体运动布局，也是整体和谐优化产生的结局。

现代物理学证明，宇宙由四种基本力量（引力、电磁力、强作用力、弱作用力）在每一个层次上产生的整体优化，它是稳定和谐的基础。整体的宇宙每一层次、每个粒子，都是优化的结果。因此优化和谐是宇宙演化的基本法则。

1687年牛顿在《自然哲学之数学原理》一书中讲："自然是和

谐与相似的。"德国科学家开普勒也认为，宇宙是上帝的作品，应体现着数学的秩序与和谐。

和谐是演化、优化的目的与方法。

毕达哥拉斯认为，物质世界与和谐的心理体验之间有一种数学关系。德国哲学家、数学家莱布尼茨 1695 年发表的《新系统》一文中，提出了"前定和谐"理论来解决身心的关系。他认为，身与心的和谐、协同是上帝的预先安排。身心协调和谐的演化是前定和谐，是自然法则。

费希纳认为，所有心理的品质，如快乐、痛苦等，都能用"心理物理运动"及相关的能量量化参数表现出来，他提出的"趋向恒定原理"，如太阳的周期运转，实际上"稳定原理"就是和谐原理，也就是物理学上的"最小作用量原理"的表征。

二、心态和谐优化、美化与最小作用量原理

在《和谐社会与系统范式》一书中，笔者提出："凡是符合'最小作用量'原理的系统都是和谐的"。我们以下说明这一论断。

要证明"凡是符合'最小作用量'原理的系统都是和谐的"，主要是说明以下两点：

一是最小作用量原理与热力学定律的关系。

二是系统因涨落是否仍能趋于稳定，构成整体性，呈现整体优化特征。这要分以下几种情况：

1. 系统在接近平衡态时，即在非平衡态的线性区，是否趋于

稳定？

2.系统在远离平衡态时，即在非平衡态的非线性区，出现什么特征？

3.系统内部出现涨落或受外部的扰动后，是否可以趋于整体稳定性？

为此，首先介绍一下最小作用量原理的发展历程，什么是"作用量"？

实际上，自然界总是取那种使其时间与能量之积为最小的方式。也就是说，既省时间又省能量。时间与能量之积就叫作用量。

法数学家莫培督（Pierre Louis Moreau De Maupertuis，1689—1759）在1740年提出了这一原理（Principle of least action），在他发表的一篇题为《物体的静止定律》的论文中，试图寻找到一种不能由物理学给出的"更高一级的科学"，从而构思了最小作用量原理。1744年，在其发表的题为《论各种似乎不和谐的自然规律间的一致性》的论文中，他明确提出了最小作用量原理。他定义"作用量"为质量、速度和所经距离的乘积的积分。后来瑞士数学家欧拉给出了最小作用量原理的数学表达，他用严格的变分法证明了最小作用量原理。

高斯（Gauss Karl，1777—1855）于1828年发展了最小作用量原理。在此基础上，拉格朗日发展了分析力学，称为拉格朗日力学。

有人称最小作用量原理是物理学皇冠上的明珠。作用量定义为 A：

$A = m \int u \, ds$,

最小作用量原理，其最早的形式为（取非等时变分号）：

$\Delta A = \Delta \left[\sum_i m_i \int u_i \, ds_i \right] = 0$

此处，m_i 为第 i 个物质，u_i 为第 i 个物质的运动速度，ds_i 为第 i 个物质在各自一定的时间间隔内所运动经过的距离。$(i = 1, 2, \cdots, n)$

即当系统在任意可能的空间构形间运动时，具有相同能量的所有可能的运动中，其真实运动使作用量 A 取极值。上式或写成：

$$\Delta \int_{t_1}^{t_2} 2E_k \, dt = 0$$

对于单一子系统来说，若消去时间参数后，则 Δ 可改为等时变分符号 δ，有：

$$\Delta \int_{t_1}^{t_2} 2E_k \, dt = \delta \int_{p_1}^{p_2} mv \, ds = 0$$

其中 p_1，p_2 表示在 n 维空间中的两个点，上式为通过该两点的路径积分的变分。

海穆霍茨（H. L. F. Helmholtz）给出了最小作用量原理的下列普遍表达式：

$$\int_{t_1}^{t_2} \{ \delta \left(-\psi + E_k \right) + \delta A \} \, dt = 0$$

$$\psi = E - TS$$

其中 ψ 为自由能，E 为系统的势能，E_k 为动能，T 为绝对温度，S 系统的为熵。δA 为这些参量变化时外界对系统所做的功。

海穆霍茨证明了最小作用量原理与热力学定律相一致。实际上，最小作用量原理的表达式可改写为：

$$\delta A = \delta \int_{t_1}^{t_2} (\delta L + \sum_i f_i \cdot \delta q_i) \, dt = 0$$

其中 L 为拉格朗日函数，实际上，L 是系统的内能 U（如选 S，V 为自变量）或为自由能 ψ（如选 T，V 为自变量），f_i 为第 I 个单位体积的势能，ψq_i 为广义位移。

于是有：

$$L = -E + TS + uE_k$$

普朗克（Planck，M.）、爱因斯坦（Einstein，A）建立了相对论热力学体系，若选择相对论热力学的最小作用量原理取下列形式：

$$\int_1^2 (\delta L + \mathrm{k} \cdot \delta \mathrm{r}) \, dt = 0$$

其中，$L = -\gamma^{-1} m_0 c^2$，k 为广义力，$\delta \mathrm{r}$ 为广义位移矢量，γ 为温度变换系数，m_0 是物体静止时的质量，c 是光速。

由相对论热力学的基本公式：

$$dU = TdS - PdV$$

其中：$P = (\partial L/\partial T)_V = -(\partial \psi/\partial T)_V$，$P = (\partial L/\partial V)_S = -(\partial \psi/\partial V)_S$，$P = (\partial L/\partial V)_T$。从而，不难导出更一般的热力学第二定律和第一定律：

$$dW + dU = TdS \quad dW + dU = dQ$$

海默霍茨得出结论："自然界所发生的一切过程都由世界的永

不消失和永不增加的能量涨落来描述，能量的这种涨落定律完全包容在最小作用量原理中。"海默霍茨从数学上论证了最小作用量原理是描述世界自然规律的复杂问题。

由以上的讨论和论证可以得出：

第一，最小作用量原理可以导出热力学定律，而在热力学定律的前提下普里定律证明了最小熵产生原理，就是说最小作用量原理和最小熵产生原理相一致。

第二，最小熵产生原理保证了热力学线性区，非平衡及平衡态的稳定性，也就是说最小作用量原理也有此特性。

第三，在非平衡态的非线性区，当系统受扰动而偏离平衡态超过某个临界值时，非平衡参考定态将失去稳定性，这时，熵产生不一定取最小值。因熵和熵产生不具有热力学势函数的行为，最小熵产生原理不再有效。

这时，过程的发展方向不能依靠纯粹的热力学方法来确定，必须同时研究动力学的详细行为来分析系统的稳定性。

当控制参数的值超过某一临界值时，即当系统偏离平衡态超过某个临界距离，则非平衡参考态有可能失去稳定性。在与外界环境交换物质和能量的过程中，任一微小扰动即可使系统经涨落发展到一个新的有序状态（这就是耗散结构），同时进入新的稳定状态。

现在看最小作用量原理与动力学方程的关系。前已得出最小作用量原理的拉格朗日形式为：

$$\Delta \int_{t_1}^{t_2} 2E_k \, \mathrm{d}t$$

考虑到拉格朗日函数，则不难导出下列拉格朗日方程以及动力学普遍方程：

$$\frac{d}{dt}\left(\frac{\partial L}{\partial \dot{q}_k}\right) - \frac{\partial L}{\partial q_k} = 0$$

这就是说，最小作用量原理等价于完整系统的运动方程。

$$\sum (F_i - m_i a_i) \cdot \delta r_i = 0$$

以上说明，由最小作用量原理可导出热力学定律和动力学普遍方程，即最小作用量原理与热力学定律及动力学运动方程是一致的。

可以说，凡是满足最小作用量原理的系统都可以用热力学和动力学任一种或联合的方法进行分析，研究其整体稳定性。

于是，由动力系统的利亚普诺夫（Liapunov）不稳定性定理及以上分析可知，熵的二级偏离，即超熵产生（简称"超熵"），可以作为利亚普诺夫函数。的正负性取决于系统的控制参数和动力学参数的值，这些参数反映了系统偏离平衡的程度。

就是说，凡是满足最小作用量原理的物质（系统）不论是平衡态、近平衡态，还是远离平衡态的系统，也不论受怎样的涨落、外部扰动作用最终都可以趋于系统的整体稳定性。有了整体稳定性，根据系统辩证学法则不难得出系统的整体优化、和谐放大的特性。

以上我们证明了"凡是符合'最小作用量'原理的物质都是和谐的"这一重要定理。笔者在《系统哲学》一书中指出：随着科学技术的发展，展现在人类面前的世界是一个五彩缤纷的画面。在系统物质世界进化过程中，大量的新的涌现出来，而且这些新的涌现

空山新雨后（蒋威手绘）

的自由度、主动性又很大，巨量的复杂系统出现了巨量的随机运动，在这些非线性的随机运动中把握系统的进化规律，就要依靠统计平均的理论来揭示系统进化的规律，这就改变了由初始态的动力学规律推演出一切进化状态的传统方法。这是对经典力学的发展与革命……管理学的革命……还有哲学的革命，从而进入和谐发展的社会与环境。

笔者在 2006 年 8 月出版的《和谐社会与系统范式》一书提出了一"凡是符合'最小作用量原理'的物质都是和谐的。凡是和谐的也都是最小作用量的表征"的假设。然后又在 2013 年出版的《系统哲学之数学原理》一书中对这个假设做了数理的证明，展现了哲学与科学的联盟。这样就真正地体现了"理论推动归纳"的模式。

2017 年笔者在《系统美学》一书中应用了这条定律，得出了"最小作用是美的本质"的结论。

因此一切事物和谐整体优化都是美的，凡是美的事物，也一定是整体优化和谐的结果。人类的心理就是美化、优化的一朵奇葩，心理美与和谐是我们的终极追求，也是人类实现自我的根本。

和谐、优化、美化、"最小作用量"是一体的，这样心态整体优化的核心就是"最小作用量"原理。

心态和谐是生理学的核心与灵魂，也是思想精神上的灵魂。它们同时是物理的，也是精神的。它们表现了物理世界与精神世界同步进化的神奇所在。

爱因斯坦认为，宇宙诸法之下，存在一个和谐世界。而"最小作用量"原理就是它的核心，它的表征就是优化、美化、和谐，体现了人类的心理之美与和谐之美。

　　大自然是人类的老师，因为凡是大自然生成演化的结晶都是自然和谐之美、都是整体优化之美，都是最小作用量原理的表征。

三、心态和谐是整体优化之美

　　心态优化与和谐之美，也是人格之美，而且是最高尚的人格心态之美。

　　我们可以举一些例子：

　　比如，以钱学森、郭永怀为代表的"两弹一星"元勋科学家群体，他们为了国家的安全与民族的独立，用智慧、意志与生命创造出"两弹一星"精神，使中国平等、独立地屹立在世界民族之林，他们热爱祖国、无私奉献、自力更生、艰苦奋斗，大力协同、勇于登攀，他们的人格是最伟大的，他们的心态是最和谐的，他们的心灵是最美的。

　　1956 年地矿部在广西找到了铀矿时，毛泽东激动地讲：这个发现是决定国家命运、决定民族命运、决定子孙命运的！经过我们的科学家的努力，铀矿变成了原子弹与氢弹！一举打破了超级大国对我国的核讹诈和核垄断，增强了国家的国防实力和国际地位。

　　再如，水稻育种专家袁隆平。他为中国与世界粮食增产作出重大贡献，为全球多养活了数亿人口。他在杂交水稻栽培方面的重大发现，推动了一场"绿色革命"，使粮食产量大幅提升，使世界上大部分地区摆脱了饥荒。他在采访中说：我想我没有什么秘诀，我有八个字：知识、汗水、灵感、机遇。他用英语引用了科学家巴斯德的话：机会偏爱有准备的头脑。他在回忆录中还讲：不让老百姓挨饿，让饥荒成为遥远的记忆。这是多么伟大和震撼人心的意志与力量呀！

再比如，1978 年安徽凤阳县小岗村 18 户带头实行土地承包到户"大包干"的农民，他们的勇气拉开了农村改革的序幕，催生了家庭联产承包责任制，突破了"一大二公"的旧体制，解放了农村生产力。"大包干"的推广，解决了农村的温饱问题，成为中国农村改革及至中国改革开放的标志。

这样的例子还有很多。中国地质力学的创立者，发现了大庆、胜利等油田从而为中国石油事业作出巨大贡献的李四光；我国现代桥梁之父，为中国铁路事业作出重大贡献的茅以升；主持完成中国第一代核潜艇和导弹核潜艇的研制，在深潜试验中随核潜艇下潜到极限，创世界纪录的核潜艇专家黄旭华；研制了新型抗疟药青蒿素和双氢青蒿素，挽救了数以百万人的生命，因而获得了诺贝尔生理学与医学奖的药学家屠呦呦；完成战略导弹更新换代，实现了火箭技术的巨大突破的第二代远程战略导弹技术带头人王永志；"中国天眼"的主要发起者和奠基人，天文学家南仁东；主持研制的汉字信息处理与激光照排系统，实现了出版行业告别铅与火的落后技术，迈入了光与电的技术革命，成为高新技术改造传统行业的典范的王选；潜心 40 余年研究石窟考古工作，开创了敦煌莫高窟管理新模式的"敦煌女儿"樊锦诗；创造三巡苍穹奇迹的中国航天员景

自我和谐（蒋威手绘）

海鹏；成功研制首颗量子实验卫星"墨子号"的中国科学家潘建伟等等。

这些被历史铭刻的人们，他们都拥有着崇高的理想、健全的人格以及顽强的意志力，他们的人格之美、心态之美，行为世范，万世流芳。同时，从系统科学的角度看，构成他们高尚人格和谐心态的四要素（即需求要素、认知要素、情绪与情感要素、意志要素），是在整体优化后产生的奇效。

每一个要素都达到了它本身的优化状态，然后形成"新的力量"（马克思语），这个新的力量是不可战胜的，他们具有超人的强大意志力量，所以作出超人的业绩。我们要传承学习的正是这样的超级心态、超人的心理、超人的意志力量！

如果心态是和谐的，也可以用我在《美学》一书中提出的数学逻辑表达方式：

$$\delta\, mvds = 0 \Leftrightarrow H,$$

其中，H代表和谐（即Harmonious）。数学符号⇔表示等价。δ是变分符号。等价符号（⇔）前的变分方程是莫培督最小作用量原理的一种代表性表达式。式中，积分限为物质运动的起点和终点。

这一变分方程表明人的心态是可以和谐的，也可以逐步达到和谐，重要的是个人的努力。自己战胜自己的意志力。人的存在就是自然和谐演化的结果。因此人的心态也必然向着和谐、勇敢、自信的方向进化。

第七章　心理疾病的调节与控制

一、生理疾病的认识

1.古希腊时代

公元前 500 年左右，古希腊医生阿尔克美恩（Alcmaeon）开始解剖动物躯体并研究它们的结构。他在自己家乡建立了一所医学院，教授自己的新方法，用一种理智的方法代替神庙医学。这种方法是整体的，因为他认为，人的健康与疾病都是平衡失调的结果，身体过热导致发烧，身体过冷导致发抖，健康是身体状态的协调平衡。

公元前 460 年，另一位古希腊医生希波克拉底（Hippocrates）认为疾病都起源于自然原因，因此治疗疾病也必然是自然方法。他认为，自然的治愈能力，可以使身体恢复健康。他还认为，医生的任务是制止对这种自愈能力的干预。他与阿尔克美恩一样，采取了一套整体的治愈方法，身体必须在一种和谐的状态下工作生活。比

自然疗法

左右脑

如，可以通过休息、锻炼、改善饮食、交朋友、听音乐等方式恢复身体的自然和谐。他的这种整体系统的疗法，到现在还在使用。

希波克拉底还提出，侧脑受损会导致对侧身体的缺陷。几千年前能有此认识，非常难得，遗憾的是他并没有就此展开讨论。

他认为癫痫病是脑的不和谐引起的，可以通过自然疗法被治愈。

希波克拉底被尊称为"医学之父"，也可以被称为古代的"心理学之父"。他描述了心理状态的自然原因，并推广了整体的疗法。

古罗马时代的医学家盖伦（Claudius Galenus）则创造了一个庞大的生理学思想体系。盖伦认为，身体错综复杂，和谐与美不可能是一个偶然事件。人体没有多余的部分，和谐与美都是自然的结果。盖伦在《论灵魂的激情与谬误》一书中认为，灵魂的疾病起因在于愤怒、恐惧、悲伤、嫉妒以及强烈的愿望之类的激情。这些激情是非理性的力量控制的。一个人要摆脱这些激情是困难的，因为自恋使我们看不到自己的缺点，而只能看到别人的缺点……当有人告诉我们缺点时，首先让我们对他表示感谢。然后自己反思……做自我批评，最后在灵魂中彻底消除。

这些思想是科学与伟大的，至今仍有一定的意义。自爱（自恋）使我们自己看不到自己缺点，只看到别人的错误。

综合以上，我们可以归纳希腊时代的主要观点：

（1）灵魂（心态）疾病的原因是：愤怒、恐惧、悲伤、嫉妒，以及强烈的欲望和激情。

（2）医治的方法是整体的自然方法：身体必须在和谐的状态下

自恋

工作；通过休息、锻炼、饮食、听音乐、交朋友之间的平衡协调，才能恢复身体的自然和谐。

（3）美是和谐，和谐是美。心灵之美，即是和谐，更是大美。

（4）系统的优化产生和谐与美，最小作用量的原理是和谐与美的核心。

2. 从《女巫之锤》到英国的"疯人院"

对鬼神论和巫术的信仰在人类历史上是一个普遍存在的阶段。

伴随着古希腊罗马文明的衰落，希波克拉底、盖伦等人开创的先进心理医学思想开了历史的"倒车"，当时的人们认为：被诊断为有心理疾病的人是邪恶的，是被恶魔控制的，应该受到惩罚。

在教皇与科隆神学院的支持下，1486 年前后，一本叫作《女巫之锤》的书得以出版，作者是詹姆斯·司布伦格和海因里希·克拉马两名牧师。

这两名牧师原来希望免受巫师的影响而变得邪恶与堕落，但实际上，这本书变成了鼓吹严刑拷打与屠杀的罪恶书籍。

《女巫之锤》主要分为三部分：

（1）提供了女巫存在的证据，认为女巫在身上涂满了撒旦药膏后开始飞行。

（2）描述巫师的特性与行为，描写了妄想、玄想、躁狂、抑郁、强迫症、偏执狂。《女巫之锤》宣扬巫术来自肉欲，是女人的肉欲得不到满足的结果。

（3）如何拷打巫师。招供结果是绞死、烧死、淹死。

《女巫之锤》

英国"疯人院"

这本恶名昭彰的书籍从出版之时开始，一直到 18 世纪仍被大量使用，成为消除宗教异端的"帮凶"。很多有心理精神疾病的患者，成为被迫害的对象。

14 世纪初，英国成立了欧洲第一家精神病机构。后改称为贝特莱姆皇家医院，英国人称为"疯人院"。"入院"的患者被戴上铁链，遭受鞭打与敲击。只给一些流质食物，给他们吃泻药与催吐剂，并进行放血。这样的折磨无疑害死了许多人。

这里的看守者没有工资，但可以把疯人院展示给大众，从中提取收入。参观疯人院，只要一便士。这里的病人赤裸着身体，披一条肮脏的毯子。他们能够得到的治疗方法，只有放血、水淹、旋转和恐吓等。这样的结果把"疯人院"变成了一座恐怖的"动物园"。

3. 精神病人的解放者——菲利普·皮内尔

法国人皮内尔被称为"精神病学之父"，他同时获得医学与哲学的学位。

皮内尔经历了法国大革命，深受自由、平等、博爱思想的鼓舞。他非常赞同他的朋友——约瑟夫·达坎的观点，在 1793 年发表的《疯狂的哲学》中称：

（1）精神病是一种疾病，又活用自然科学的方法理解与治疗。精神病人不是邪恶的动物。

（2）达坎认为：盯着一个疯子看，并将其作为消遣，这样的人会沦为一只道德怪物。

1793 年皮内尔担任了巴黎比赛特疯人院院长。他首先解除精

神病患者身体束缚。用仁慈
的态度与人道的治疗，取代
镣铐与虐待。第一个被解放
的是一名英国军人，他在
"疯人院"里待了40年，在
皮内尔担任院长后的两年内
回归社会。皮内尔还解除了
众多患者的锁链。他的行为
使"疯人院"发生很大的
变化。

　　皮内尔认为，"这些人的
行为是医生最好的教科书"，
"不是病人是他们的医生才配
得上疯子的称号。"

皮内尔像

　　1795年皮内尔被任命为萨尔佩特里埃（Salpêtrière）疯人院院
长，这是一家欧洲最大的疯人院，患者有8000多名，他仍然获得
成功，美名传遍欧洲。人们在信封上只要写上"皮内尔"，信就能
寄到。

　　没有残暴、没有羞辱，尽力把病人当成个体的人去理解，致
力于患者参与工作与社会交流。历经数百年，心理疾病的魔鬼，
终于被皮尔内等改革者驱散了。这是心理学、心理疾病的重大进
步，催生了弗洛伊德的精神疾病的治疗方法以及弗洛伊德主义的
诞生。

萨尔佩特里埃疯人院

二、心理疾病的调节与治疗

正视人的心理疾病，是医治心理疾病的起始。心理学家的这段历史恰好验证了弗吉尼亚·伍尔夫的一句格言：独立的思想常常是独立的方法的结果。

弗洛伊德提出精神分析及心理介质（即药物）和其他治疗方法的发展，促使精神疾病的治疗方法发生了革命性的巨变。

1. 临床神经心理学

采用了心理学的方法研究脑损害人的诊断、评定、预防和治疗。该研究开创了用科学方法研究人脑的各种高级心理结构与功能问题。

精神分析疗法

为学之道，必本于思（蒋威手绘）

现代临床神经心理学家常用的神经心理学测验有数十种，能"数量化"地测定病人的智力、感觉、运动技能和人格等。

在使用各种药物之外，还有辅以外科手术治疗，并提出正常的功能恢复与康复计划。

2. 临床心理学

这是心理学应用的重要领域。它涉及心理异常的具体问题，用心理学的方法与技术协助患者了解自己、适应环境，从而解决心理的烦恼与苦闷。

1907 年，美国心理学家赖特纳·韦特默（Lightner Witmer）创建了第一个心理门诊，对情绪异常与心理障碍的患者进行诊治。

近代临床心理学已大大扩展，成为心理学的主要的职业培训内容，包括心理治疗和咨询、心理诊断和评估、研究与教学、康复与预防等等。

人的心态及心理的疾病是千奇百怪的，诊治它们的方法也是千变万化的。正如牛顿讲的：我能够计算天体的运行，却无法计算人的疯狂。人的心态是物理世界与精神世界中最难理解的一

韦特默像

种意识流和物质演化过程。比如，通过"谈话疗法"，治疗师帮助患者把外显的症状与内心未解决的冲突联系起来，引导患者领悟。这与我们日常生活中的所谓"个别谈话"十分相像，都是解决思想心态问题。治疗师认为，治疗的对象是失调的行为以及背后的思想。改变患者对问题自我陈述，重建其思维方式，这样个体有能力面对现实的困难。在这个治疗过程中可以用释放冲突的"宣泄"的方法，也可以用催眠与自由联想的方法。在自由联想中，患者感觉比较舒适一些，因为对一切想法不做审查，从一个话题自由跳跃到另一个话题。

3. 精神分析治疗方法

这种方法以弗洛伊德的"精神分析法"为基础，原理是保护"自我"免受本我与超我的能量冲击。

弗洛伊德认为，患者不仅将他当作个体进行回应，而且把他当作在生活中一种对他人的体验与感受。比如患者将自己对父亲的感情转移到弗洛伊德身上，这种"移情"效应的产生被认为是治疗方法的关键，即对治疗师的反应方式类似于童年时代对父母亲的反应方式。因此，这种方法更关注内在的冲突和无意识过程。

4. 人本主义的治疗方法

这是美国心理学家卡尔·罗杰斯（Carl Ransom Rogers）创立的心理治疗方法，强调"以当事人为中心"，建造温暖的有治疗作用的氛围，使患者有轻松自我探索、自我表达的环境，当然这也是一种"个别谈话"的方法。

卡尔·罗杰斯认为，每个人都背负着过去，但我们可以自由选择并控制自己的未来命运。心理问题来自自我实现过程中的障碍。我们的幸福感与我们是否可以自由发展个性潜能有关，也可以讲从无意识转变到有意识。这个方法更关注患者此时此地、主观有意识的经验。

人本主义疗法

三、现代心理治疗与方法

现代心理疾病的治疗方法很多。通过治疗师与患者之间互动，用心理学的思想与方法去影响患者思想、情感与行为，达到患者主动克服自己的心理障碍、适应社会生活与个体的心理健康，甚至重新实现自我、超越自我的实践。

其主要的特点是：患者与治疗师的思想与理论的系统互动，患者与治疗师在情感、行为上都有互动。患者希望更加了解自己、实现自我的更大潜能。

对于心理障碍，患者寻求帮助的动机不同，治疗的方法也会不同，系统互动要达到的目标是：

得到一种明确的精神病学的诊断，和对心理障碍进行归类；提出一个可能的病因学；提出对预后的看法；尽最大的可能产出病因的根源。

心理治疗主要有四种分类：

1. 心理动力治疗

心理动力学派认为，神经病证是由人的内部未能解决的创伤和冲突造成的。弗洛伊德认为，这些冲突涉及本我、自我与超我之间的心理能量的转换，这种能量的转换决定我们的行为。当冲突从本我突破时，当超我导致我们过度内疚时，防御就会出现，从而引发痛苦。他采取谈话的方式，达到心理治疗。

心理动力治疗

2. 格式塔疗法

弗里茨·皮尔斯创立了格式塔疗法，正如卡尔·罗杰斯的方法一样，帮助个体整合人格中冲突的部分。弗里茨·珀尔斯认为，通过格式塔疗法指导性的方法，帮助个体感知整体自我。治疗师给患者带来有计划的体验，提高他们对内心冲突的觉察，并为自己的行为负责。应用学习原理直接矫正患者的问题行为。使患者认识到，我有我的事情，你有你的事情，我们都不为别人的期待而活，我们都可以自由选择并指导自己的成长。

这种疗法总的特点是：对话，视他们为有独特价值的人，每个人都是与众不同的人；系统交流互动，以客为主，相信每个人都有天生的努力与自我主观的倾向。

格式塔疗法

3. 行为疗法

行为疗法关注与个体的行为，帮助患者终止自己挫败的行为模式，如过度饮食、吸烟以及无害刺激的恐惧性问题，帮助患者获得适应性行为模式，与其他治疗师一样，行为治疗师与患者建立温暖的精神放松的治疗关系。治疗时，采取恐惧接触法，通过系统脱敏、虚拟疗法等等，使患者得到疗愈。

行为疗法

所谓系统脱敏是让患者躺在椅子上有效地面对自己恐惧。虚拟疗法则基于脱敏的原理，帮助患者面对过去，以及他们的未来。

4. 认知疗法

认知疗法直接关注个体思维，如改变自己的信念、态度，促进自我的领悟，觉察自己当前的认知以及如何改变认知以缓解痛苦。这相似于精神分析与人本主义的疗法。这种疗法的根本特点是：鼓

认知疗法

励患者挑战自我，并改正非理性的期待与不良行为。

阿尔伯特·艾利斯综合了行为疗法与认知疗法，提出理性情绪行为疗法。

团体疗法是一个心理治疗师同时接纳几个相似问题的（如焦虑、抑郁、情感等等）患者。此疗法更经济，可以相互帮助，互相促进。

如果我们考虑到认知以外的因素，那我们不得不承认，这所有的疾病都是心态脆弱的结果，都是认知有差错，导致了行动的不协调。

因此，除了心理治疗之外，还有一种生理的生物疗法。它是通过改变精神递质的方法去影响精神系统及其行为。主要有药物疗法、电击疗法、精神外科手术等。这种治疗方式会对机体造成一定

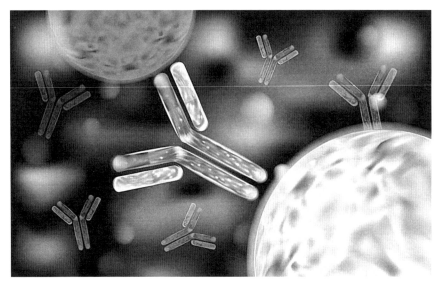

生物疗法

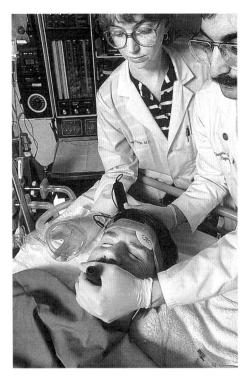

电击疗法

的损害，并非治疗心理疾病的第一选择。

第一方案应该是心理治疗，即认知疗法、心理动力疗法、格式塔疗法、行为主义疗法。

事实上，治疗心理疾病，治疗各种心理障碍，最简单的方法是从保健开始，从改变心态开始，从寻找身心的系统平衡开始。

花本无心自在开（蒋威手绘）

第八章　系统心理学心态的分类与管控

现代生命科学与医学科学普遍认为：身体健康、心态健康、生活与工作范式健康这三个要素的系统整体优化，会激发高效的免疫系统，延缓生命的衰老、增加寿命，并提高意志导向的能力与强度。实际上，这三个要素中最重要的还是"心态"这个要素。乐观自信、忘我投入的心态是健康的，即我们讲的心态的和谐。

一、心态的和谐

公元前 500 年左右，古希腊阿尔克美恩医生他在家创立了一所医学院宣讲自己的医学观念。他认为健康是身体系统平衡、协调的结果，而疾病正是身体系统失调的表现。他认为身体过热会导致发烧；身体过冷会导致发抖。健康是身体系统的协调与和谐。

另一位叫希波克拉底的医生，他像阿尔克美恩医生一样反对教会的神秘与迷信，也创建了一所医学院。他认为所有疾病都来自自然界与心态的不和谐，因此治病也必然用自然的方法。他还创造了

自然疗法

一个整体治疗的方法。

古罗马时期最著名的医学大师盖伦留下了一个庞大的生理学思想体系。他认为，人的身体错综复杂，和谐与美不可能是一个偶然事件。他证明人的身体没有哪一部分是多余的，人有两双手并非偶然的。人的结构是神的设计，是高度的和谐。

盖伦认为灵魂的疾病起因于愤怒、恐惧、悲伤、嫉妒以及强烈的欲望之类的激情。这些激情由我们身体内部拒绝服从理性的力量。一个人要摆脱这些激情，就必须理解和认识自我而努力，然而这种努力是困难的。因为自恋使我们看不到自己的缺点，而只能看到别人的缺点。拥有一位优秀、高尚的指导医师是必不可少的。如果一个人希望变得优秀与高尚，那就让他找一个通过揭示他的错误

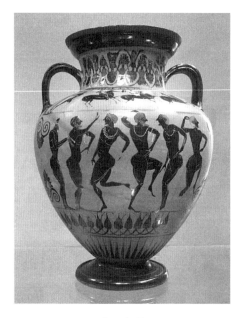

身心和谐

行为而帮助他的人。

阿尔克美恩医生、希波克拉底医生与盖伦都认为，疾病是身体的不和谐造成，他们这些思想与方法，以及关于心态和谐的论述，与现代医学科学也有吻合之处。根据现代医学的大量统计，很多疾病是由于心理不和谐引起的。过度的欲望与激情就是主要病因。

因此，心态是身体和谐、身体健康的第一要素。

心态平稳

二、心理（心态）的简单分类

1. 正常的心态

即"心安"，内心安适坦然，不烦不躁、不焦虑、不孤独。工作生活有一定抗压能力，也适当休闲娱乐而不放纵。

2. 健康的心态

即"心静"，心态平静如"一潭湖水"，遇人遇事不动心、不羡慕、不嫉妒、有自控力，"三商"比较协调，其中情商比较高。

心态平静

3. 和谐智慧的心态

即"心明"，心态如一面镜子，正心诚意，知己知彼，性格开朗，自信乐观，这也称为智慧心理学。

毛泽东讲过，自信人生二百年，会当水击三千里。有不断学习、完善自我的能力与兴趣，有很强的自控能力与完善健康的自我意识。

4.自私贪婪的心态

这种心态的人往往表现为极度虚伪。"马列主义"对外只照别人，不照自己、人前一套、人后一套，台上一套、台下一套，怕苦怕累、嫉妒多疑，事事以自我为中心，追求自我享受和满足，不顾及他人的感受。

三、心态的调控

心态的变化，可能引起人的交感神经系统发生相应的重大变化，比如：心跳、高血压等。这样会导致一些重要的器官供血不足，身体缺氧，特别是大脑与心肌，甚至会猝死。

人在过度哀伤或兴奋时，都会发生类似的现象。为了避免极端的情绪与激情，要采取有效的调控方法。

1.从儒家传统文化中汲取有益成分

《礼记·大学》中的"八条目"提出"诚意""正心"，还有"修身"。"诚意"是指，意念要真心、不自欺。"正心"是指，心态要端正，排除杂念。"修身"是指人的自省。

前两项是我们意念的对象与反省及检查的内容。方法是自省，即"修身"。

在"三纲领"中的"明德""亲民""止于至善"，也是讲修身

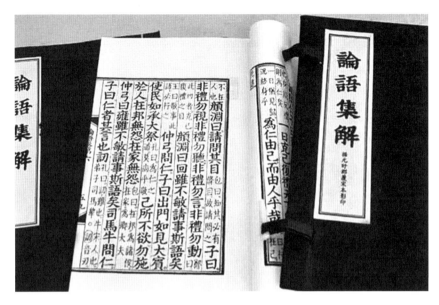

儒家经典

的主要内容。

"三纲领""八条目"展现了中国古代实用内省法，可以达到修身养心之态，是控制心态古老有效的方法。

孔子强调心态对学习的重要作用，讲"立志""好学""乐学""笃厚""有恒""虚心"等，可见，调整自己的心态，是儒家的一种修身与学习的重要途径。

孔子讲"克己复礼为仁"。"克己"，就是自我抑制情感、欲求等心理活动。"躬自厚"，就是提倡严于律己的修身方法。

内省自己的心态是做好工作的必备条件。"反己""反求"是调整心态的基本要求。

孔子讲，"内省不疚，夫何忧何惧"，意思就是自己反省后，内心没有愧疚，那还有什么可担忧和恐惧呢？

知识分子通过学习"三纲领""八条目"的内容，用反省自强、自觉管控的方法，达到管控自己的身心。

孟子"尚志"，他认为"志"是气之帅。孟子讲："富贵不能淫，贫贱不能移，威武不能屈，此之谓大丈夫也。"用这种意念会调整出强大的意志心态。这就是孟子讲的"浩然之气"。

孟子认为，"民为贵""得民心""以德服人"；提倡"爱人者，人恒爱之；敬人者，人恒敬之"。

这正像王阳明讲的，心即理，是在事上练与实践。王阳明认为，心中无恶意，内心就强大了。王阳明认为，荣辱不惊，不动心才是内心强大。

用曾参的一句话，可以概括儒家调整心态的最常用、最有效的方法："吾日三省吾身"。

2. 向老一辈无产阶级革命家学习

（1）毛泽东同志的方式

毛泽东年轻时就曾在日记里写下著名的话："与天奋斗，其乐无穷；与地奋斗，其乐无穷；与人奋斗，其乐无穷"。这是毛泽东同志战胜一切困难的自信力。

他还在《体育之研究》一文中向读者介绍了自己锻炼的项目：日光浴、风浴、雨浴、冷水浴、游泳、登山、露宿、长途跋涉、体操、拳术等。这是毛泽东同志锻炼身体的物理手段。

（2）周恩来同志的方式

周恩来为中国革命和建设事业可谓鞠躬尽瘁。他的智慧心态、人生气度也值得我们永远学习。1943 年 3 月 18 日周恩来在重庆红

长风破浪会有时（蒋威手绘）

岩整风学习时写下著名的"我的修养要则"：

一、加紧学习，抓住中心，宁精勿杂，宁专勿多。

二、努力工作，要有计划，有重点，有条理。

三、习作合一，要注意时间、空间和条件，使之配合适当，要注意检讨和整理，要有发现和创造。

四、要与自己的他人的一切不正确的思想意识作原则上坚决的斗争。

五、适当地发扬自己的长处，具体地纠正自己的短处。

六、永远不与群众隔离，向群众学习，并帮助他们。过集体生活，注意调研，遵守纪律。

七、健全自己身体，保持合理的规律生活，这是自我修养的物质基础。

这是周恩来同志45岁生日的夜晚写下的！他没有参加家人和同事准备的简单的欢聚，而是独坐桌前，回顾自己思想上、作用上、政治生活上的点滴，对自己提出更严格的要求。他是这样调整自己的心态的！也是这样始终默默"为人民服务"的。他是我们永远的榜样。

毛泽东常对人讲：丈夫要为天下奇，即读奇书、交奇友、创奇事、做个奇男子。这就是毛泽东同志创造性的心态，这种心态使毛泽东同志不畏艰险、不怕困难、不断探索、不断斗争，带领中国革命走向胜利。新中国的建立，就是毛泽东同志创造的一个世界奇迹！

毛泽东在《讲堂录》的笔记中写下："拿得定，见得透，事无不成"。这是毛泽东同志克服一切困难的意志力。

正如他 1925 年离乡奔赴革命，途经长沙时写的《沁园春·长沙》："独立寒秋，湘江北去，橘子洲头。看万山红遍，层林尽染；漫江碧透，百舸争流。鹰击长空，鱼翔浅底，万类霜天竞自由。怅寥廓，问苍茫大地，谁主沉浮？携来百侣曾游，忆往昔峥嵘岁月稠。恰同学少年，风华正茂；书生意气，挥斥方遒。指点江山，激扬文字，粪土当年万户侯。曾记否，到中流击水，浪遏飞舟？"这首诗反映了他大胆、自信的心态和奋斗的乐趣，以及战胜困难的坚定信念。

1918 年 4 月 14 日，毛泽东等先进知识分子成立"新民学会"，新民学会的宗旨是："革新学术，砥砺品行，改良人心风俗"。还规定了几条严格的纪律：不虚伪、不懒惰、不浪费、不赌博、不狎妓。毛泽东认为，"吾辈不努力为之，尚让何人去做"？他坚持改变自己与团体的心态，与会员一道探求改变中国的道路。

在探索"宇宙之真理"时，他写了一篇《心之力》的作品。深受老师杨昌济的赞赏，得了满分。他在《心之力》中写道，"宇宙即我心，我心即宇宙。细微至发梢，宏大至天地。世界、宇宙乃至万物皆为思维心力所驱使……人之力莫大于心。阳气发处，金石亦透，精神一到，何事不成？……"

毛泽东"拿得定，见得透，事无不成"的心态，已到了自信智慧的境界。他不断追求新的东西，不断自我创新，不断历练意志，提高自信力。铸造自己最好的心态，战胜一切困难！

"数风流人物，还看今朝"，反映了毛泽东必定战胜国内外反动

和气致祥（蒋威手绘）

势力的自信心态和坚定信念。

古今中外关于如何调控心态以及调控心态的重要性的例子不胜枚举。心态的调控对于自我认知、自我发展、自我学习、自我管理的全部成长过程都具有非常重要的作用。一个积极向上的心态能够帮助我们更好地了解自己，发挥自己的优势，克服困难，抓住机遇，实现自我价值。反之则可能导致系统失衡，价值观扭曲，丧失对人生和社会的正确认知。因此，我们应该积极调整自己的心态，保持积极向上的心态，不断追求自我成长和超越。

第九章　结尾——系统心理学与实践

我们为什么要学习研究系统心理学呢？有人说，为了解释、洞悉和预测他人的内心从而更好地实现沟通；也有人说，为了深入了解人类思维从而实现科学的思考；还有人就是简单追逐热门，为了更好地就业生活……

事实上，我们每个人每天都有一种心态在支配着自己的生活、工作。这种心态的好坏，基本上决定了这一天工作、生活的效果。久而久之，成为影响我们一生的重要因素。因此，我们每个人都应该学习研究一点心理学知识，这首先就是为了了解你自己、认识你自己，调控你自己的心态，成为实现有价值生活的第一要务。

一、认识你自己

这个问题不仅仅是心理学中的认知理论，也是哲学中的认识论问题。

那么，真正的自我从哪里开始、从哪里诞生呢？这就是古希腊哲学家德谟克利特的千年之问："真正的自己从哪里诞生？"

关于这个问题一百个人，有一百答案。古希腊哲学家苏格拉底认为，从"认识你自己"开始。他认为，哲学和心理学的目的在于认识你自己，认识了你自己才能认识别人，才能认识世界。傲慢自大的人、无知的人，根本无法认识自己，也就无法去认识别人、去认识社会。苏格拉底不仅提出了"认识你自己"，而且还指出了认识自己的方法："内省法"。

苏格拉底的"内省法"相当于现代的"实验内省法"，与中国的"吾日三省吾身"的修身方法，也有异曲同工之处。

苏格拉底认为，人是由灵魂与肉体构成的。"认识你自己"就是认识你的灵魂；而灵魂的本质是理性的，没有理性就等于没有了灵魂，没有了灵魂也就变成一个普通的动物！

他认为，我们应该仰仗理性与内省的方法，审视自己的思维、情绪、行为，去认识自己的灵魂，认识了自己的灵魂才能认识世界。

心理学中的认知理论，就是通过人的心理过程探讨人类的本质，探讨我们如何知觉这个世界、如何认识这个世界、表征这个世界，然后去改变这个世界！

一句话，这一切的基础，首先要从认识你自己开始，这样才有可能认识别人、才有可能认识世界并改变世界。

从本质上讲，心理学、哲学就是研究如何认识你自己，改变你自己，从而实现改变社会的学问。

对于德谟克利特的千年之问：真正的自己从哪里诞生？我们的

答案就是：从认识你自己开始！这样你就认识了世界的本源、世界的根基。

认识你自己是改变自己命运的开始；认识—实践—再认识—再实践，这是一个往复循环直至无穷的过程！

培根讲，知识是人类社会的精神生命。学习知识就是为了认识你自己。知识是什么？就是学习积累的成果。学习知识的升华就是智慧，就是创造力。

我们可以讲：智商的高低，取决于学习的能力、强度和爱好，学习的目的是建立一种智慧的自我意识，由此可产生的理想、信仰、乐观、自信、勇往直前的意志导向力！因此，学习成为认识你自己的主要方法和主要工具。

中国儒家讲："格物、致知、诚意、正心、修身、齐家、治国、平天下。"其中"格物"就是探讨事物的道理。"致知"就是求得事物的知识。格物与致知就是我们现在的认知理论，哲学的认识论。

孔子讲："视其所以，观其所由，察其所安。"孔子提出了视、观、察的认识论。孔子认为，"知人"既要"听音"又要"观行"。否则，都是空话。"知者不惑，仁者不忧，勇者不惧"。可见，孔子对学习、对践行的重要作用的认识。所以孔子认为："知者乐水""知者动""知者乐""知者不惑""知者不失人"。

这是孔子认识自己、认识别人及周围世界的方法。孔子视、观、察的认识论思想，对认知要素发挥了重要的工具性作用。

我们需要做的是，把"三纲领""八条目""内三省"转换成符合当代智慧心理学要求的内涵，实现认识自己、管控自己，最终达到成功。

二、从调整自己到改变自己

心态（心理）是由四个要素构成的一个互相影响的有机整体，它可能优化也可能劣化。它可能有"新的力量"产生，也可能产生负的能量，即心态调整的优化和劣化。关键是意志导向作用的倾向性。

优化产生"新的力量"（马克思语）和序参量（哈肯语）是我们追求的目标，也是达到我们总体目标的最佳手段和方法。

情绪与情感是人的心理状态的外在表现。在一定的时空条件下，人的心态、激情（喜怒哀乐）对人的认知、智慧、创造力、行动力产生巨大影响，甚至是决定性的作用。在生活上，它可以激活一部分自主神经系统和植物神经系统。正面的心态，可能导致与激发想象力与创造力，产生顿悟与灵感；负面的心态，则相反，可以引发巨大的破坏力，如犯罪等。

因此，调整自己的心态，应成为人的生命中首要的、必需的、经常的、天天做的要务。它关系到每个人的生死与成败！

孔子曰："躬自厚而薄责于人，则远怨矣。"意思是说，从严要求自己而少责备别人，自然远离怨恨，或者说"责己严，待人宽"。

孔子的"内省法"即"反己""反求"，正所谓"内省不疚，夫何忧何惧"？即反省自身无愧于心，则无所惧怕。

孔子还讲："躬自厚"。提倡一种严于责己的修养方法。孟子讲的"反身而诚"，也是"吾日三省吾身"的内省之意。朱熹更是明确赞许："曾子以此三者日省其身，有则改之，无则加勉。"

以上是传统文化中调整自己的方法，突出一个"内省"。

毛泽东同志也有非常值得学习的方法，即批评与自我批评。实际上是自责与他责结合起来，自律与他律结合起来，形成一种自律与他律的环境，以达到共同进步。批评与自我批评都是需要巨大的勇气的，而这也是自律与他律的出发点。

三、心态的优化

一个人如果能够真正做到认识自己、改变自己，那他离成功就不远了！

在心理四要素的结构中，四要素的整体优化产生的意志导向力量，它的强度、恒定、坚韧性都取决于整体优化的程度，它决定着事业的成败。我们追求的就是意志导向的优化和最优化，也就是马克思讲的"新的力量"的优化与最优化。这样才能保证我们达到预定的目标，走向成功。

中国古代把道德意志分为三个层次："志""信""恒"。

与此对应的心理发展为三个阶段就是："决心""信心""恒心"。

这种表征方式正好符合当代心理学、心理发展的模式：

决策时：下"决心"，不怀疑、不犹豫。

执行时：有"信心"，不怕挫折。

万物与我为一（蒋威手绘）

全过程：要有"恒心"，勇往直前。

本书中列举的那些具有超人胸怀、超人意志，对国家和民族有重要贡献的人，他们不愧是时代的佼佼者，是我们时代的超级英雄。我们要学习的正是他们的胸怀和意志，这也是我们需要学习系统心理学的目的所在。

只要意志强大了，人才能强大！才能把一个"平凡"的事业，做成一个"不平凡"的事业。总而言之，优化意志才是成功之路。

参考书目

1.《乌杰系统科学文集》八卷本，人民出版社 2022 年版。

2. 乌杰：《和谐社会与系统范式》，社会科学文献出版社 2007 年版。

3. ［德］威廉·冯特：《认知心理学》，百花洲文艺出版社 2019 年版。

4. ［德］威廉·冯特：《情感三度说》，湖北科技出版社 2016 年版。

5. ［德］威廉·冯特：《实验心理学》，天津人民出版社 2020 年版。

6. ［美］赫伯特·西蒙：《认知：人行为背后的思维与智能》，中国人民大学出版社 2020 年版。

7. ［美］戴维·霍瑟萨尔：《心理学史》，人民邮电出版社 2011 年版。

8. ［美］斯宾塞·A.拉瑟斯：《心理学》，中国人民大学出版社 2019 年版。

9. ［美］威廉·詹姆斯：《心理学原理》，中国城市出版社 2003 年版。

10. ［德］古斯塔夫·费希纳：《心理物理学纲要》，中国人民大学出版社 2015 年版。

11. ［美］理查德·格里格、菲利普·津巴多：《心理学与生活》，人民邮电出版社 2016 年版。

12. ［美］罗伯特·L.索尔斯、M.金伯利·麦克林、奥托·H.麦克林：《认知心理学》，上海人民出版社 2008 年版。

13. [美] 伯纳德·J. 巴斯、尼科尔·盖奇：《认知、大脑和意识——认知神经科学引论》，上海人民出版社2018年版。

14. 李曙华：《从系统论到混沌学》，广西师范大学出版社2002年版。

15. 陈永忠主编：《现代心理学》，中央民族大学出版社2011年版。

16. 彭聃龄主编：《普通心理学》，中国师范大学出版社2012年版。

17. [德] 威廉·冯特：《人类与动物心理学讲义》，北京大学出版社2013年版。

18. [日] 堀井俊章：《图解心理学》，中国工信出版集团2018年版。

19. 蒋永福、周贵莲、岳长龄主编：《西方哲学》，中共中央党校出版社1990年版。

20. 中共中央文献研究室主编：《毛泽东传》（六卷），中央文献出版社2011年版。

责任编辑：李之美

图书在版编目（CIP）数据

系统心理学 / 乌杰 著 . — 北京：人民出版社，2023.11

ISBN 978 - 7 - 01 - 026066 - 2

I.①系⋯　II.①乌⋯　III.①心理学 - 研究　IV.① B84

中国国家版本馆 CIP 数据核字（2023）第 204088 号

系统心理学

XITONG XINLI XUE

乌 杰 著

人民出版社 出版发行

（100706　北京市东城区隆福寺街 99 号）

北京盛通印刷股份有限公司印刷　新华书店经销

2023 年 11 月第 1 版　2023 年 11 月北京第 1 次印刷

开本：710 毫米 ×1000 毫米 1/16　印张：12.75

字数：150 千字

ISBN 978 - 7 - 01 - 026066 - 2　定价：78.00 元

邮购地址 100706　北京市东城区隆福寺街 99 号

人民东方图书销售中心　电话（010）65250042　65289539